为什么你说话孩子就不听

郭春光
王珍珍 ◎编著

中国纺织出版社

内 容 提 要

很多父母都为孩子不听话而烦恼。实际上，不能一味地说孩子不听话，而是有时父母没有掌握好说话的技巧，所以导致无法把话说到孩子的心里去，孩子自然也就不会把父母苦口婆心的劝说放在心上。

父母管教孩子，除了要给孩子营造良好的环境，更要洞察孩子的心理、了解孩子的情绪，这样才能把话说到孩子的心里去。本书从心理学的角度出发，分析了父母如何说话才能打动孩子的心，父母如何表达才能让孩子心甘情愿地接受父母的建议。

图书在版编目（CIP）数据

为什么你说话孩子就不听 / 郭春光，王珍珍编著.
--北京：中国纺织出版社，2019.11
ISBN 978-7-5180-6018-4

Ⅰ.①为… Ⅱ.①郭… ②王… Ⅲ.①家庭教育
Ⅳ.①G78

中国版本图书馆CIP数据核字（2019）第050124号

责任编辑：王 慧 特约编辑：王佳新 责任印制：储志伟

中国纺织出版社出版发行
地址：北京市朝阳区百子湾东里A407号楼 邮政编码：100124
销售电话：010-67004422 传真：010-87155801
http://www.c-textilep.com
中国纺织出版社天猫旗舰店
官方微博http://weibo.com/2119887771
三河市宏盛印务有限公司印刷 各地新华书店经销
2019年11月第1版第1次印刷
开本：710×1000 1/16 印张：13
字数：122千字 定价：39.80元

前言

很多父母常常感到疑惑：怎么说话，孩子才愿意听呢？为何别人家的孩子惹人喜欢，我家的孩子却惹人讨厌呢？我到底哪里说错了，孩子居然这么歇斯底里？怎么样才能让孩子更听话呢……实际上，这样的困惑绝不局限于某一对家庭里，也不单单局限于某一对父母。当发现孩子不听话时，父母不要总是试图从孩子身上寻找原因，而应先进行自我反思。因为，孩子不听话，问题并不都出现在孩子身上，也可以说，问题大多数出在父母身上。

如果说是父母不懂得如何爱孩子，所以才导致孩子不听话，父母一定会感到委屈。的确，大多数父母出于本能都会爱孩子，但是，孩子除了需要父母本能的爱之外，更需要父母理性的爱。作为父母，我们除了要满足孩子的吃喝拉撒，更要用心陪伴孩子，疏导孩子的情绪，解开孩子的心结，这样才能在家庭教育中肩负起应负的责任和义务，也唯有如此，才能陪伴孩子健康快乐地成长。

很多父母在管教孩子的过程中，只是一味地训斥和唠叨孩子，而丝毫不懂得倾听孩子。其实，作为父母，在对孩子侃侃而谈的同时，我们还要留意孩子的情绪反应。明智的父母不会率先对孩子侃侃而谈，而是会认真倾听孩子，因为这样才能打开孩子的心扉，真正走入孩子的内心，并了解孩子的所思所想。记住，亲子关系也是普通人际关系的一种，也要遵循相互尊重和理解的原则。作为父母，我们唯有尊重和平等对待孩子，才能得到孩子同样的对待，所以，再也不要以为当父母就有资格在孩子面前高高在上，也不要仗着作为父母的权威就对孩子颐指气使。父母在孩子面前的威信并非与生俱来的，而是在与孩子相处的过程中渐渐形成的。

　　最优秀的父母，既是孩子的监护人，也是孩子的朋友和陪伴者，更是孩子知心的伙伴。当在与孩子相处和沟通的过程中陷入困境时，父母一定要积极地从自身出发思考各种问题，并找到难题的解决方案。这种卓有成效的亲子之道，不但有助于协调亲子关系，加深亲子感情，也有助于指引孩子健康快乐地成长！

编著者

2019年4月

目录

第 1 章

知行合一，做尊重孩子的优质父母

　　要想培养出优质的孩子，父母首先要成为优质的父母。当然，虽然很多人都有机会当父母，但是未必每个人都能成为优质的父母。优质的父母除了要以本能去爱孩子，更要以智慧对待孩子，以恰到好处的方式引导和陪伴孩子成长。唯有如此，父母与孩子才能相互成就，都变得更加优质。

改变孩子，从改变自己开始

在陪伴孩子成长的过程中，很多父母都以本能爱着孩子，但是，在与孩子相处的过程中，他们总是在不知不觉间想要控制和改变孩子。几乎每个父母都会对孩子的行为、态度、情绪、心理等有或多或少的不满意，他们最直接的反应就是要改变孩子。孩子在自我意识没有觉醒之前，独立性也很差，所以必须依靠父母的精心照顾成长。但是，随着渐渐长大，孩子的自我意识不断觉醒、越来越强，作为逐渐走向独立的生命个体，孩子更加强烈地渴望摆脱父母的束缚，转而奔向自由的成长和未来。

在亲子关系的经营之中，父母很容易忽略一件至关重要的事情，那就是要想改变孩子，首先要改变自己。父母对于孩子的管教，和对孩子成长的引导，绝不是通过简单的叮咛、督促就可以实现的，更不是声色俱厉地斥责孩子就能帮助孩子有效提升的。所谓己所不欲，勿施于人，如果父母本身的行为习惯不好，那么就无法对孩子起到督促的作用，再怎么促使孩子改变，往往也是收效甚微。正如人们常说的，父母是孩子的第一任老师，也是孩子最佳的榜样。父母以身作则，就可以潜移默化地影响孩子，也让自己在教育和引导孩子的时候拥有更强大的说服力和影响力。尤其是很多父母对于亲子关系感到头疼，不知道如何更好地与孩子相处、引导孩子、改变孩子，对此，父母一定要先从改变自己做起，这样才能有效改善亲子关系，才能让很多事情水到渠成、得到解决。

每天放学回家，斯诺都会看电视。一开始，斯诺只是在放学到家之后看半个小时电视，然后就写作业，后来他要求看到吃完晚饭，再认真写作业。再后来，斯诺吃完饭也不想写作业，借口需要消化一会儿，继续看电视。对于斯诺的表现，妈妈很不满意，几次三番批评斯诺："你这个孩子越来越得寸进尺。谁家孩子不是放学第一时间就写作业呢？你以后如果不写作业，就不要吃晚饭。"斯诺不以为然："妈妈，谁不喜欢看电视啊！你不也天天看电视吗？你能看，我为什么不能看？"妈妈的确是个电视迷，当即反驳斯诺："我当然能看，但是你不能看。因为我是大人，你是孩子，孩子要以学习为主。"斯诺撇撇嘴："但是孩子也需要休息，和你一样。"妈妈无语。

妈妈不管怎么管教斯诺，斯诺依然无法抗拒电视的魅力，他不但喜欢看动画片，还常常和妈妈一起看电视剧呢！后来，爸爸看到斯诺对于电视到了痴迷的程度，当即对妈妈提出要求："以后你也不要看电视，这样斯诺也就没电视可看。"爸爸把电视的电源线拔掉，藏了起来，这样一来，斯诺即使想看电视也没得看，而且，对于妈妈禁止看电视的要求，斯诺也无话可说。一段时间之后，斯诺改掉了看电视的坏习惯，妈妈为了斯诺，也很少看电视。因为没有了消遣，妈妈便喜欢上看书，结果却有了意外的收获：斯诺也在妈妈的影响下渐渐对阅读产生了兴趣。

在这个事例中，显而易见，父母爱看电视，孩子也爱看电视；父母爱看书，孩子也耳濡目染，喜欢上看书。对于父母而言，与其一味地强求孩子改变，不如以身作则，从自我做起，这样才能最大限度发挥对孩子的影响力，让孩子在潜移默化中向自己学习。

孩子是父母的镜子，孩子的一切问题，在父母身上都能找到原因。当然，这里不是说父母的作为直接决定了孩子的言行举止，而是告诉每一位为人父母者，既然身为父母，就要谨言慎行，就要承担起作为父母的责任，这样才能既照顾好孩子的身体，也引导孩子的心灵和成长。只要父母认真细心，就总能从孩子身上找到自身言行的折射，所以，与其把过多的注意力用于关注孩子，还不如更多地关注和反思自身，从而起到提升和完善自己、给孩子做好榜样的作用。

　　不可否认的是，家庭环境对于孩子的影响是非常深远的。如今，很多父母在决定要孩子之前，都会先进行全面体检，也会补充各种各样的营养素，目的就在于以更好的身体状况孕育孩子。殊不知，怀孕期间身体和心理准备固然重要，孩子出生之后，父母更要为孩子营造良好的家庭环境，不但要让孩子吃饱穿暖、衣食无忧，更要让孩子有品质高洁、行为规范的父母。民间有句俗话，叫作上梁不正下梁歪，就是说，父母对于孩子的言传身教，将会对孩子的成长起到巨大的影响作用。至于是引导孩子朝着好的方向发展还是走上偏路，则由父母去决定。

尊重和理解孩子的世界

　　很多父母在教养孩子的过程中，都会无形中犯一个错误，即总是以成人的标准来要求孩子，总是从主观的角度出发对待孩子，而完全忽略了孩子所处的年龄阶段，也没有重视孩子的身心发展特点。如此一来，父母很容易给予孩子不公正的待遇，导致孩子的内心受到挫折和打击。看到这里，也许有些父母会说：我没有鄙视孩子。的确，父母不会故意鄙视和打击孩子，但是，当父母不能尊重和理解孩子的世界，总是苛求孩子必须按照父母的心愿和标准做好事情，这对于孩子而言就是一种打击，也会给孩子的心理和情感带来创伤。

什么叫尊重孩子的世界呢？每个人都是一个小小的宇宙，每个人就是自己的全部。孩子虽然小，但也有自己的思想主见和意识，也会坚持做好自己想做的事情。细心的父母会发现，孩子的世界与成人的世界截然不同，真正尊重孩子的父母会无条件接纳孩子大不同的世界，从而做到不干涉或干扰孩子，让孩子积极主动地感受和体验这个世界，让孩子以独特的思考能力去选择处理方案，真正解决问题。仔细想来，很多父母都无法做到真正尊重孩子。那么，想要成为合格且优秀的父母，应该怎么做呢？

首先，父母要尊重孩子，就要给予孩子自由成长的空间，允许孩子有自己的想法、态度和意见。其次，父母要尊重孩子，还应该尽量设身处地地站在孩子的角度上思考问题，这样才能对孩子感同身受，才能理解孩子的很多反应和做法。否则，如果父母总是站在自身的角度思考问题，而对于孩子的感受等完全置之不顾，则父母一定无法真正了解孩子，也就难免会情不自禁地否定孩子、打压孩子。一个身心健康的孩子，一定要有足够的空间去成长，而父母爱孩子的最好方式，就是理解、信任、尊重孩子，给予孩子更多的自由和权利。

周末，爸爸妈妈带着斯诺去游乐场玩。斯诺早就盼望着去游乐场，为此兴奋异常。游乐场十点才开门，早晨八点钟，斯诺就起床洗漱好，催促爸爸妈妈加快动作。就这样，才九点半，斯诺和爸爸妈妈就到达游乐场，又在门口等了半个多小时，游乐场才开门。

进入游乐场，斯诺就像出笼的小鸟一样自由自在，欢呼雀跃。他玩了摩天轮、过山车，还玩了大摆锤、激流勇进，玩过这些期盼已久的大项目之后，他又开始玩碰碰车，玩得不亦乐乎。他们从十点钟玩到下午四点，这时，爸爸告诉斯诺："斯诺，该回家了！"斯诺当然不愿意，他说："游乐场要到晚上十点才关门呢，为何不多玩一会儿呢？"听到斯诺的回答，爸爸板起面孔说："该回家了，已经玩了六个小时。"斯诺问："我可以再玩一个小时吗？就一个小时！"爸爸却不由分说，当即拉着斯诺的胳膊，开始朝着游乐场外面走去。斯诺很不开心，以这样的方式结束游乐场之旅，让他觉得一整天的好心情都被破坏了。

很多父母总觉得孩子是自己的附属品，甚至是私有品，因而理所当然地认为自己对于孩子拥有绝对的控制权和支配权。实际上，每个孩子都是一个独立的生命个体，根本不愿意在父母的操控下度过人生。也许，在小时候，孩子的自我意识没有觉醒，因而对于父母能够做到言听计从，然而，随着渐渐成长，孩子的自我意识越来越强烈，为此，他们不愿意再对父母言听计从，而想要拥有自己的想法和主见，并坚持做自己想做的事情。对于孩子的渐渐成长和成熟，父母也要学会适应和接受。

事例中，爸爸让斯诺回家，这样的决定很突然，所以斯诺难以接受。如果爸爸能提前半个小时告诉斯诺"斯诺，再玩半个小时就回家"，则斯诺更容易接受，因为这样就有缓和的时间和接受的过程。此外，斯诺原本说游乐场经营到晚上十点，后来又恳求爸爸允许他多玩一个小时，实际上已经作出让步。这种情况下，如果爸爸尊重斯诺，可以也适当作出让步，从而与斯诺达成一致。记住，父母对孩子的尊重未必表现在很多重要的方面，很多时候都体现在小事和细节上。父母要发自内心尊重和平等对待孩子，在与孩子沟通的时候，要更加关注孩子的体验和感受，这样才能真正做到接受孩子的世界，尊重孩子的感受，并以友善的方式与孩子相处。

接纳孩子，不挑剔孩子

作为父母，你们还记得自己在孩子刚刚降临人世时的感受吗？看着小小的柔软的婴儿，你们的心中满是欣喜，那一刻，似乎拥有了婴儿就拥有了一切，即便有谁给你们整个世界，你们也绝不愿意去交换。然而，随着小婴儿渐渐成长，你们对于小婴儿的要求也越来越多。你们希望孩子健康快乐，更希望孩子能够取得优异的学习成绩、全面提升素质，还要让孩子拥有兴趣爱好，从而令他的人生过得不乏味。也可以说，父母的心对于孩子的成长越来越"贪婪"，而孩子在父母日渐提高的要求之下，距离纯粹的幸福越来越远，而距离各种压力和严格的要求越来越近。

父母的心态，决定了孩子的幸福度。父母对孩子过于苛责，处处否定孩子，孩子还谈何幸福呢？反之，父母若是能够接纳孩子的一切，认可孩子最真实自然的样子，从来不挑剔与苛责孩子，这对于孩子而言是莫大的幸运。很多父母都把爱孩子与接纳孩子混为一谈，从本质上而言，爱孩子是一种本能，而接纳孩子却是从理性的角度真正认可孩子的一切。真正接纳孩子的父母，哪怕发现孩子作出不符合他们期望的选择和决定，也依然能够做到支持孩子。而很多父母，尽管很爱孩子，却打着爱孩子的名义和旗号试图操控孩子。请记住，爱孩子不是操控孩子，也不是霸道主宰孩子的人生，而是给予孩子更多的自由。正如意大利著名教育家蒙台梭利所说，爱与自由，是给孩子最好的礼物。

和爱相比，接纳更加无私，不但出于爱孩子的心理，也真正做到了为孩子好。举例而言，孩子不喜欢某一门课外兴趣班，父母以为孩子好为由，非要逼着孩子去学习，对于孩子而言这不是爱，而是控制和束缚。而接纳孩子的父母，会了解孩子的所思所想，从而无条件接受孩子的一切。也可以说，接纳是无条件地爱。接纳孩子本来的样子，意味着父母要接受孩子的一切本真模样，从而尊重孩子的行为和决定。因为每个人都有权利作出自己的选择，每个人都没有权利强迫另一个人必须遵从自己。父母即使生养了孩子，也不能完全操控孩子。父母要尊重孩子，也要相信孩子本来的面目就是最好的样子。至于孩子未来会成为怎样的人，取决于成长过程中的很多因素，父母只要作好积极的引导，无须过分强求孩子。

这里需要弄清楚一个概念，那就是一个人与他的行为举止并不是一体的，对于孩子而言，他们的思想意识和感受至关重要，这与孩子是一体的，所以，父母要做到真正接纳孩子，尊重孩子的本来面目，就要区别孩子的行为与思想意识。一个人的思想和感受是很难改变的，在走出对父母完全信任和依赖的状态之后，孩子很难再对父母言听计从。尤其是随着孩子渐渐长大，当孩子的做法不符合父母的预期时，父母应引导孩子的言行举止符合道德的要求。而不管什么时候，孩子的思想和灵魂都是自由的。

作为哥哥，乐乐最近很懊悔的一件事情就是撺掇妈妈又生了一个小妹妹。曾经对小妹妹的到来充满喜悦的乐乐，最近感到非常懊恼，因为，随着渐渐长大，小妹妹不再是那个乖巧安静的婴儿，而是成了一个调皮顽劣的幼儿。有好吃的东西，妹妹会和乐乐抢夺；有好玩的玩具，妹妹也丝毫不让着乐乐。就算是玩一会儿电脑游戏，妹妹也会跟着捣乱。乐乐懊恼不已，有一次被妹妹气急，吼道："我真是脑袋被门挤了，才会要小妹妹。"

听到乐乐这么说，妈妈觉得心中一惊：看来，这段时间以来全家人都更加关注妹妹，而忽略了乐乐的感受，这已经导致乐乐产生意见，甚至对妹妹怀有敌视的态度。妈妈没有批评乐乐对于妹妹缺乏爱，而是温和地询问乐乐："乐乐，你不是很想要妹妹的吗？为什么这么说呢？"乐乐说："我以前是想要妹妹，那是因为我当时不知道妹妹居然这么讨厌，她会抢我的食物，还会抢夺我的玩具，使我连玩游戏都不能专心致志地

玩。"妈妈当即对乐乐表示理解："的确，两岁的孩子是很讨
厌的，因为他们什么都不懂，但是已经可以自由地行动，所以
他们就会打扰和侵犯别人。不过，你可以耐心等一等吗？我觉
得等到妹妹三四岁的时候，在很多方面的表现就会更好。等到
她再大一些，她会很心疼你这个哥哥呢！"乐乐不敢相信，问
妈妈："真的吗？"妈妈点点头："当然是真的。"在妈妈的
安抚下，乐乐决定耐心等待妹妹长大。

在这个事例中，对于妹妹的表现，乐乐很失望，因为，他
在想要妹妹的时候，绝没有想到妹妹居然这么讨人厌。对于乐
乐明显表现出的讨厌妹妹的情绪，妈妈没有否定乐乐的感受，
也没有批评乐乐，而是首先认可乐乐的感受，告诉乐乐两岁大
小的孩子确实很讨厌。这样一来就有效安抚了乐乐的情绪，也
让他接纳自己的感受。此后，妈妈才给乐乐提出有效建议——
让乐乐耐心等待妹妹长大。这样的处理方式很好，可以暂时安
抚乐乐的情绪，在接下来的时间里，妈妈还可以有意识地融洽
兄妹关系，引导乐乐更爱妹妹。当然，如果妈妈发现乐乐对待
妹妹的方式会给妹妹带来伤害，或者是不被接受的危险方式，
那么也可以明确告诉乐乐，不管是否喜欢妹妹，都绝对不允许
做哪些事情，从而有效保障妹妹的安全。

需要注意的是，当孩子倾诉感受的时候，父母不要以简单

粗暴的方式打断孩子，更不要不由分说就否定孩子，否则只会
导致孩子关闭心门，这样一来，孩子再有烦恼的时候，就不会
对父母倾诉，如此，父母还如何了解孩子的思想意识呢？孩子
还小，思想不够成熟，父母作为孩子的监护者的同时，也要时
刻洞察孩子的思想意识趋向，因为保持与孩子之间的顺畅沟通
是最重要的。

孩子，要踩着"错误"的阶梯前进

在这个世界上，谁能保证自己从来不犯任何错误呢！很多
父母一旦看到孩子犯错，马上如临大敌，恨不得立刻纠正孩子
的错误，实际上，这样的做法完全是错误的。犯错，正是孩子
成长过程中必然经历的阶段，错误就像是阶梯，孩子要踩着阶
梯不断前进，才能渐渐成长、趋于成熟。

在亲子教育中，很多父母对于孩子都存在干预过度的情
况，例如，在孩子完全有能力独自吃饭的情况下给孩子喂
饭，在孩子可以独立自主学习的情况下帮助孩子解决难题，
在孩子可以独立洗澡的情况下继续帮着孩子洗澡……看起
来，这样的父母对于孩子的关怀无微不至，实际上，父母正

在以溺爱害孩子——凡事代劳让孩子不会犯错，也正是这样的过度保护，让孩子无法知道自己要想独立生存必须提升哪些方面的能力。试问，父母再爱孩子，能够陪伴孩子度过一生吗？答案是不能。再爱孩子的父母也有老去的一天，也有离开孩子的一天，如果不尽早提升孩子的独立生存能力，孩子将来如何面对人生、面对这个残酷的社会呢？

明智的父母不会为了避免孩子犯错而代替孩子做所有事情，相反，他们会鼓励孩子成长和进步，即使看到孩子犯错，也绝不对孩子过于挑剔和苛责。他们会引导孩子改正错误，并激励孩子在成长的道路上不断地前行、努力地进取，哪怕亲眼看到孩子摔倒，他们也绝不斥责孩子，更不会着急地去扶起孩子。他们知道，孩子唯有学会从哪里跌倒就从哪里爬起来，才能最大限度激发生命的能量，才能活出属于自己的精彩。

在大概半个月的时间里，这已经是小雪第三次忘记带铅笔盒了。妈妈很无奈，她不得不请假回家帮小雪取铅笔盒，然后再叮嘱小雪下次不要忘记。然而，小雪根本没有把妈妈的叮嘱记在心上，没过多久，就又忘记带铅笔盒。为此，这一次，妈妈不准备帮助小雪回家拿铅笔盒，而是要让小雪自己度过没有铅笔盒的一整天。

果然，小雪没有铅笔盒，一整天的时间里不是向这个同学借笔，就是向那个同学借尺子，要不就是向另外一个同学借用橡皮。为此，她还违反了课堂纪律，被老师狠狠批评了一通。有了这次经历之后，小雪一回到家，就把铅笔盒装入书包，在写完作业之后，也会认真地检查一遍书包。晚上，妈妈正准备提醒小雪不要忘记带铅笔盒，却看到小雪已经把书包收拾得整整齐齐，不由得问小雪："小雪，这次怎么这么自觉呢？"小雪笑着说："我可不想再向人借笔啊橡皮之类的，否则，就太糟糕了。"妈妈忍不住笑起来，说："那你可要记住，以后每天都要整理好书包。不但忘记带铅笔盒很麻烦，忘记带书本、作业本，同样很麻烦。妈妈也要工作，以后都不能请假帮你取各种学习用品。"小雪点点头。

对于小雪在半个月的时间里四次忘记带铅笔盒，妈妈没有指责小雪，前三次都回家给小雪取铅笔盒，到了第四次，为了给小雪一个教训，让小雪知道粗心大意忘记带铅笔盒的后果，妈妈没有再回家帮助小雪取文具盒，而是让小雪一整天的时间都向同学借用文具。果然，小雪从中得到深刻的教训，当天放学回到家里就主动收拾书包，准备好文具盒和书本等。不得不说，妈妈很聪明，她先是提醒小雪，后来才以事实惩罚小雪。

当然，这里不是说作为父母绝对不能帮助孩子，在孩子遇到无法凭着自身力量解决的难题时，父母还是要倾尽全力帮助孩子。但是，当孩子可以凭着自身的力量去解决问题的时候，父母就不要过多干涉。一个在父母无微不至的照顾与呵护下长大的孩子，也许从未尝过失败的滋味，但同时也会没有自信。这是因为，一个人的自信，是要通过各种事情验证自身的能力才能获得的。对于孩子来说，一定要保持学习的姿态，也要坚持从错误中学习和成长，这样才能不断提升自我、成就自我，成为充满自信的强者。

不要迫不及待地改变孩子的感受

面对孩子在成长过程中出现的很多问题，父母总是会想方设法、迫不及待地帮助孩子解决问题。这样的改变，是针对事态的，父母在改变的时候总是带着美好的愿望，希望能够通过改变让孩子变得更加积极主动、更加快乐。然而，对于孩子而言，该经历的总要经历，否则就无法获得成长。因此，父母可以给孩子提供助力，也可以默默支持孩子，但不要人为地阻挡孩子经历应该经历的事情。

很多父母为了避免孩子受到伤害，害怕失败和挫折打击孩子的心灵，总是过度保护和干预孩子。他们不愿意让孩子经历痛苦，也不愿意让孩子陷入负面情绪之中无法自拔，因此采取强制干预的手段保护孩子。殊不知，孩子不可能在真空的环境里长大，他们将来一定会面临很多挫折和磨难，也必须要学会承受。与其等到父母老去再让孩子无所适从地面对一切，明智的父母会在孩子小时候就有意识地提升孩子承受挫折的能力，从而引导孩子积极地对待挫折，对待不那么如意的人生。当然，这也并非是要让孩子完全独自去面对一切，作为父母，我们可以给予孩子积极的引导和有效的建议，也可以陪伴孩子寻求更合理的解决问题的方式。这对于孩子的成长是至关重要的。

一个周末，妈妈正在书房里加班，斯诺百无聊赖地走入书房，对着妈妈抱怨："妈妈，简直太无聊了。"妈妈疑惑地看着斯诺，说："有什么好无聊的呢？时间那么宝贵，有那么多事情都要做。"说着，妈妈还拿出一个长长的书单给斯诺，告诉斯诺："看看书单上的书吧，有时间就读书。"斯诺看着书单简直要哭出来，在妈妈的坚持下，他还是拿出一本书单上的书看了起来。

在这个事例中，妈妈非常强势地帮助斯诺解决了无聊的问题，而没有给斯诺更多的时间去体验无聊的滋味。假如妈妈能够换一种方式，让斯诺充分感受无聊，并引导斯诺说出无聊的滋味，再让斯诺主动自发地找到驱散无聊的方式，斯诺未来就能够坦然面对无聊。

在各种方案之中，直截了当地告诉孩子如何驱散无聊，是最不可取的方式。因为这么做只会让孩子未来陷入更深的无聊之中，也会让孩子完全失去消化和承受无聊的能力。作为父母，我们一定不要急于改变孩子的感受，更不要直截了当地给出孩子方法去改变感受。孩子只能依靠自己对抗各种消极负面的情绪，这需要父母多多给他们机会去锻炼。当然，在听到孩子倾诉某种感受时，父母也不要否定孩子的感受，而是要认可和接纳孩子的感受，这样孩子才会从父母的认可之中得到力量。

记住，不要为了改变孩子的感受而改变事态，与此相比，更好的解决方案是引导孩子主动思考问题，或者是提升孩子的心理耐受力。面对孩子的求助时，最重要的不是给出回答，而是与孩子展开积极的讨论。当然，父母到底如何做，要根据孩子正在经历的事情的轻重缓急来选择。如果孩子受到欺凌却无力反抗，甚至心理上因此而濒临崩溃，父母一定要给予及时救援，马上介入事情之中果断处理好问题，从而避免给孩子带来不可挽回的伤害。

欣赏和悦纳孩子

很多父母都觉得孩子做得不够好，为此，他们总是乐此不疲地为孩子指出各种错误。殊不知，成人若总是被批评和否定，也会感觉整个人都不好了，更何况是孩子呢？本着对孩子负责的态度，父母除了一味地给孩子指出错误和不足之外，还要慷慨地认可和赞美孩子的优点与长处，这样一来，孩子才会在沮丧之余找回自信，并获得内心的平衡。

孩子的心智发育不够健全，承受挫折和打击的能力有限，很多孩子之所以能够取得显著的进步，是因为他们拥有专注、自我反省和积极热情的人生态度。作为父母，我们在为孩子指出各种错误的同时，一定要提醒自己对于孩子不要过于吹毛求疵。所谓金无足赤，人无完人，只有接纳孩子的不完美，父母才能真正做到欣赏和悦纳孩子。此外，当为孩子指出必须改正的错误之后，父母还应该多多关注孩子，在发现孩子有小小的进步之后，要及时表扬孩子，从而让孩子更加具有进步的力量。

当然，孩子正处于身心快速发展的关键时期，除了要促进孩子健康成长，父母还要为孩子营造良好的成长环境。首先，要让孩子吃得饱穿得暖睡得足，保证孩子身体健康，才能保证孩子心理健康。其次，要从精神层面多多关注孩子，保证孩子的心理健康和情绪稳定。对于孩子经常会出现的错误，父母也要有意识地营造合适的环境重塑孩子的行为，引导孩子自然而然地做出更好的行为举动，这样才能潜移默化地帮助孩子形成良好的行为习惯，且有助于孩子的心理健康和情绪稳定。

　　记住，在表扬孩子的时候，一定不要泛泛而谈，而应该真心实意地表扬孩子，而且要把表扬说得具体生动，从而让孩子感受到父母对他的表扬是真正发自内心的、是拥有很高含金量的。如今，教育界提倡赏识教育，所以很多父母总是对孩子表扬泛滥，以"你真棒""你很优秀""你是最棒的"等含糊其词的表扬敷衍和搪塞孩子，导致孩子对表扬已经厌倦，如此，表扬自然无法达到预期的效果。

　　曾经有人说，好孩子都是夸出来的。作为父母，我们要更加留意孩子做得出色的地方，从而以夸赞的方式强化孩子的行为。现实生活中，偏偏有很多父母都会批评和否定孩子，而完全忽略了对孩子的赞赏所能起到的积极作用。可以想见，这样的父母在教育孩子的道路上必然要走很多弯路。

　　有一天，妹妹看到乐乐正在玩管道积木，当即走过去抢走乐乐的玩具。乐乐的小汽车还没有拼好呢，因而情不自禁地对着妹妹瞪大眼睛。也许是想起了妈妈说过妹妹再过几年就会长大、变得乖巧懂事，为此，他深吸一口气，对妹妹说："妹妹，我们可以一起玩玩具吗？哥哥给你拼一个有轱辘的小汽车，好不好？"听说有汽车可以玩，妹妹当然高兴，当即把积木还给乐乐。接下来的时间里，乐乐和妹妹玩得很和谐，妈妈也很开心。

等到兄妹俩玩过积木，妈妈对乐乐说："乐乐，你今天表现非常棒啊！我看到妹妹抢走了你的积木，你控制住愤怒，没有和妹妹抢夺，而是以玩具汽车诱惑妹妹，说服妹妹和你一起玩。这样一来，原本的一场兄妹大战就变得非常和谐友好，妈妈为你们感到骄傲呢！"得到妈妈的表扬，乐乐很高兴，也很感动，他懂事地对妈妈说："没关系，妹妹还小，我要让着她。等她长大了，也会对我好的。"妈妈竖起大拇指，给了乐乐一个大大的赞。

每个孩子都有自身的情绪，尤其是在遇到一些事情的时候，孩子的情绪会表现得更加明显。父母要尊重和接纳孩子的情绪，也要以恰到好处的方式引导孩子的情绪，强化孩子的良好行为。就像这个事例中，如果妈妈只是在乐乐与妹妹起冲突的时候批评乐乐，而不能做到在乐乐以正确方式引导和对待妹妹的时候给乐乐点赞，则乐乐的友好行为也许就会昙花一现。而妈妈及时中肯的赞扬，让乐乐有了更强大的动力友好对待妹妹，这对于帮助兄妹俩维持良好关系是至关重要的。

　　作为父母，我们一定要学会欣赏孩子的长处，经常激励和赞赏孩子。好孩子都是夸出来的，父母会夸，孩子的表现才会越来越好！父母懂得欣赏，孩子才会成为父母所期望的模样。不管何时，亲子关系都是一个永恒的亲子问题，作为亲子关系的主导者，父母更要肩负起重要的责任，给予孩子的成长以积极的引导和极大的助力作用。

第 2 章

有话好好说，别让孩子在家长的坏脾气中成长

如果问当父母的人是否爱孩子，得到的必然是肯定的答案。如果问当父母的人是否能做到对孩子有话好好说，则得到的往往是否定的答案。很多父母都爱孩子，然而，很多父母都不能做到对孩子好好说话。每当夜幕降临的时候，无数父母拖着疲惫的身体回到家里，面对孩子或者有心或者无意犯下的错误，他们往往无法控制自己，立即开始歇斯底里地叫喊。这样撕裂的喊声，能让孩子得到多少成长呢？

对孩子好好说话，避免尖酸刻薄

在传统的教育观念中，只要孩子一犯了错误，父母就会对孩子严厉地训斥，尤其是若孩子因无视父母的提醒而犯错，父母更是会对孩子恶语相向，如果气昏了头，还会挖苦讽刺孩子，甚至给孩子贴上标签。作为旁观者，当看到有的父母对孩子完全不讲究方式方法时，我们能看到问题所在；但是，正如古人所说"不识庐山真面目，只缘身在此山中"，很多父母看得清楚别人，却看不清楚自己。此时此刻，我们不妨反思，作为父母，我们是否曾对孩子严厉呵斥；而在几十年前，作为孩子，我们是否也得到了父母同样的对待？

对于这两个相互关联的问题进行回答，很多父母都会给出肯定的答案。也许，是几十年来的传承，使得我们在对待孩子的时候不知不觉间沿袭了父母的教育方式，但是，作为新时代的父母，我们真的很有必要反思：对孩子大喊大叫真的有用吗？一味地争吵吼叫，非但不会起到预期的教育效果，反而会导致亲子关系被破坏、父母与子女之间隔阂加深，也使得家庭教育更加无法继续下去。

　　有一天，妈妈正急着上班呢，乐乐也要去补课。在临出门之前，乐乐向妈妈要钱吃午饭，妈妈身上恰好没有零钱，便对乐乐说："乐乐，你先用自己的钱买午饭，晚上回来妈妈给你报销。"晚上，妈妈正好加班，到家之后就把要给乐乐报销午饭钱的事情忘记了。

　　几天之后，乐乐小心翼翼提醒妈妈："妈妈，你还欠着我的钱呢！"妈妈觉得很可笑："我怎么还欠着你的钱了呢？"乐乐说："你忘记啦，前几天我要去补课，你让我先用自己的钱吃午饭，然后你报销。"妈妈一下子想起来事情的原委，忍不住训斥乐乐："你这个小兔崽子，吃着我的、喝着我的，合着是个白眼狼啊！你吃午饭，让我给你钱，我没钱给，你用自己的钱填饱自己的肚子，还追着我报销。"乐乐很委屈，嘀咕道："是你说要给我报销的啊！"妈妈说："我是说给你报销，你好意思吗？我养你这么多年要花多少钱，那你也给我报销了呗！"乐乐无奈，说："算了吧，我不要你报销了，行了吧！"后来，妈妈再和乐乐说什么，乐乐总是一副爱搭不理的态度。

　　在这个事例中，妈妈承诺要给乐乐报销午饭的钱，结果忘记了。后来乐乐和妈妈要钱，妈妈还对乐乐挖苦讽刺。从道理的角度分析，妈妈做的是错的。妈妈既然已经答应给乐乐报销，就要"照章办事"，而不能非但不给乐乐报销，反而抱怨自己为了养育乐乐付出多少，这完全是混淆概念的行为，也会给乐乐留下不好的印象。

很多父母都会在不知不觉中给孩子贴标签，殊不知，一旦给孩子贴上负面标签，孩子很容易因为自尊心受到伤害而自暴自弃。其实，不仅是亲子关系，即使是普通的人际关系，也应该尽量正确和谐融洽交流。作为父母，我们千万要避免一边爱着孩子，一边口无遮拦地对孩子说话、伤害孩子的自尊心。否则，当形成错误的沟通习惯，孩子就会不把父母当回事，更会导致亲子关系恶化。

此外还需要注意的是，当孩子犯错时，父母批评孩子之前要控制好情绪，在批评孩子的时候要从具体错误的角度出发分析问题、寻求解决之道，而不要因为小小的错误就对孩子全盘否定。否则就会伤害孩子的自尊心，甚至激发孩子的负面情绪，导致孩子也对父母恶语相向，这样不仅无法解决问题，还会导致亲子关系恶化，导致孩子情绪激动，心理上受到伤害。

心情郁闷时，不要对孩子说话

很多父母在情绪不好的时候，都会情不自禁地对孩子做一件残忍的事情，那就是把负面情绪发泄到孩子身上，揪住孩子或大或小的错误不愿意撒手，把孩子当成出气筒。不可否认，现代社会生存压力越来越大，生活节奏越来越快，职场上的竞争日益激烈，父母不但要忙于工作，还要照顾家庭，的确心力交瘁。然而，对于父母而言，即使再怎么身心俱疲，也不要把情绪发泄到孩子身上，否则就会影响孩子的心理健康，导致孩子的成长遭遇更大的困境。

越是在身心俱疲的时候，越是不要轻易地把情绪发泄到孩子身上。父母要认识到，教育孩子是一项重要的工作，有的时候，哪怕无意之间对孩子说的话，也会给孩子的心理和情绪带来影响。现代人生存压力大，情绪也时常起伏，因而父母更是要戒骄戒躁，这样才能在下班回到家里之前消化负面情绪，才能有效避免把孩子当成出气筒。

作为杂志社的编辑，妈妈每天工作都很辛苦，还要经常加班。有一天，妈妈因为一篇稿子没有按时完成，被上司狠狠批评一顿，为此感到心情郁闷。回到家里，小叶问妈妈："妈妈，今天晚上吃什么饭？"妈妈没好气地对小叶说："天天就知道吃，你是猪吗？还是饭桶？妈妈工作这么辛苦，你怎么不问问妈妈工作累不累呢？"小叶被妈妈一番抢白，眼泪马上流了出来。晚上，虽然妈妈做了小叶最喜欢吃的炸酱面，但是小叶丝毫没有欲望吃饭。

后来，妈妈看到小叶情绪消沉的样子，很心疼，特意端了一杯牛奶给小叶喝。妈妈对小叶说："小叶，妈妈不是故意责怪你的，是因为妈妈工作上有一些麻烦，所以心情很糟糕。"小叶懂事地说："妈妈，以后你再感到不高兴，就对小叶发火，小叶知道妈妈辛苦，不会责怪妈妈的。"小叶喝了妈妈送来的牛奶就睡觉了，妈妈却良久不能入睡。

父母的情绪总是会影响孩子的情绪。事例中的小叶，无缘无故被妈妈抢白一通，很伤心，但是她知道妈妈辛苦，在得到妈妈的解释之后，马上与妈妈尽释前嫌。很多时候，父母抱怨孩子不理解父母的辛苦，而实际上，父母也不知道孩子对于他们的依恋有多么深。孩子总是无条件信任父母，哪怕被父母批评，也依然对父母心无芥蒂。作为父母，我们一定要珍惜和孩子之间的相处，珍惜亲子时光，尤其是在孩子对父母非常依赖的时候，父母更要给予孩子安全感。否则，等到孩子渐渐长大、越来越疏远父母，父母即使想疼爱孩子，也没有那么多的机会。

当然，人是感情动物，每个人都会有情绪激动的时候。父母因为要照顾到方方面面，还要做好工作，所以难免会承受更大的压力，也会有更多的不如意。从本质上而言，爱发脾气的父母都是内心虚弱的，他们把不敢对老板发泄的怨气发到孩子身上，却不知道，这样非但无法解决问题，反而涉嫌恃强凌弱，无疑是欺负孩子的行为。真正爱孩子的父母，会尊重孩子的内心，也会考虑到孩子的情绪感受。要想避免把坏情绪带回家，父母可以在下班之前告诉自己："我要回家了，不能把工作上的烦恼带回家。"如果情绪冲动，无法忍受，还可以直接告诉孩子："宝贝，妈妈心里很烦，你先去自己玩，等到妈妈心情好些，就去找你，好吗？"最糟糕的情况是，父母难以抑制自己，对孩子发泄了愤怒情绪，此时，亡羊补牢，为时未晚，父母要在情绪恢复平静之后马上向孩子道歉，请求孩子的原谅。很多父母因为传统观念的影响，都不愿意对孩子道歉，也不想对孩子承认错误，其实，这是不正确的做法。父母对于孩子的权威绝不表现在有错也不承认方面，而是在尊重和平等对待孩子的基础上才能形成。真正的平等，表现在父母不但要求孩子知错就改，也会要求自己知错就改。唯有如此，父母与孩子之间才能和平共处，才能建立亲密无间的亲子关系。总而言之，父母一定要记住，孩子是因为相信父母才愿意和父母沟

通，如果孩子向父母关闭心扉，父母还如何能走入孩子的内心
世界，并积极有效地引导孩子呢？对于每一个成人而言，家是
温馨的港湾；对于每一个孩子而言，家是他们的整个世界。为
了为孩子营造良好的成长环境，父母一定要避免把恶劣的情绪
带回家，这样才能给予孩子积极健康的成长环境和更加广阔的
成长空间。

有修养的父母，人前不训子

尽管父母对于孩子有着深深的爱，但是未必每个父母都能
采取正确的方式对待孩子。若父母性格温和，孩子就会成长得
健康快乐。若父母性格暴躁，孩子就会在无形中受到伤害，承
受巨大的心理压力，甚至颜面受损。有些性格暴躁的父母，为
了表现出自己的权威，总是不分时间和场合地训斥孩子。殊不
知，孩子虽然小，也是有自尊心的，而且，随着渐渐长大，他
们的自尊心会越来越强烈。在这种情况下，父母如果总是当着
很多人的面批评孩子、训斥孩子，就会伤害孩子的自尊心，导
致孩子对父母产生抵触和对抗的心理。退而言之，即使父母真
的以"有理声高"的方式暂时压制了孩子，日久天长，孩子与

父母之间也会产生隔阂。试问，如果父母失去了孩子的信任，还如何陪伴和引导孩子成长呢？所以，明智的父母千万不要为了暂时压制孩子就当着众人的面训斥孩子，而是要给孩子留面子，等到私下的场合再与孩子沟通，这样才能让管教起到最佳的效果。

人人都听过破罐子破摔这句话，当着别人的面训斥孩子，伤害孩子的尊严，恰恰会导致孩子破罐子破摔，使得孩子的自尊变得支离破碎。作为父母，我们一定要懂得给孩子留面子的道理，哪怕对于再小的孩子，只要有外人在场，也不要随意训斥孩子。其次，还要选择安静的场所批评孩子。哪怕是在家庭里，也要在私底下的场合批评孩子。这一则是因为很多家庭里的老人对孩子隔代亲，总是护着孩子，导致教育的效果大打折扣；二则是因为孩子在家人面前也爱面子，所以，即便是在家里，也要顾及孩子的面子。此外，父母要改变传统的教育观点。在传统教育观点的影响下，很多父母认为当着他人的面教训孩子可以表现出家教。实际上，若父母不顾孩子的尊严当众训斥孩子，恰恰表现出父母本身也缺乏教养。有教养的父母都是在私底下的场合里管教孩子，而不会当着他人的面管教孩子，导致他人也很尴尬。

有一天，乐乐在爸爸的单位里写作业。突然，乐乐肚子疼，想要大便，因而赶紧拿着纸冲到厕所里。乐乐刚刚出来，爸爸就朝着厕所走去，进入厕所，爸爸闻到臭气熏天，又看到蹲坑旁边有几个大脚印，当即把乐乐喊过来，训斥乐乐："你大便的时候为什么不及时冲厕所？还有，地上的脚印为何不用拖把拖一拖，弄干净？"乐乐感到莫名其妙："我冲了呀！地上的大脚印不是我的。"爸爸很生气："你肯定没有及时冲厕所，不然不会这么臭气熏天。这个脚印就是你的，因为之前只有你上过厕所！"爸爸的声音很大，单位里的其他人也听到了。乐乐觉得很丢面子，当即背起书包自己回家，不愿意继续等爸爸。

在这个事例中，也许乐乐做得的确不够好，但是爸爸对于乐乐的训斥未免过于急躁，而且完全没有照顾到乐乐的面子和情绪。对于已经成为少年的乐乐，这样的训斥当然让他觉得很丢面子，也会使他对爸爸心生怨气。年幼的孩子就已经有尊严，更何况是青少年呢？乐乐已经十几岁了，是个大孩子，当然有自己的思想和主见，也有自己的意识和尊严。所以，爸爸不管多么生气，对于孩子的管教都要讲究方式，而切勿简单粗暴地对待孩子，伤害孩子的尊严。

自尊心是支撑一个人精神的脊梁，任何时候，人都不要丢掉尊严。尤其是对于青少年来说，正处于身心发展的关键时期，父母更要谨慎对待青少年。父母要记住，养育孩子，除了给孩子提供吃喝拉撒之外，更要关注孩子的心理和情绪健康。英国有一位大名鼎鼎的作家曾经说过，每一个为人父母者批评孩子的时候，都要在私底下的场合里进行。反之，当赞扬孩子的时候，可以在公开的场合进行，从而让孩子以得到赞美为骄傲，进而激励自己做得更好。作为父母，我们一定要牢牢记住这条原则，这样才能给孩子的成长提供更多的养分和力量。

优秀的父母从来不用拳头说话

在中国的传统思想中，父母教育孩子始终秉承"棍棒底下出孝子"的观念，也有人还坚持着"父为子纲，夫为妻纲"的观念。不得不说，这样的观念是非常封建的，也导致很多父母教育孩子陷入误区。还有些父母对于孩子的态度可以以八个字作为总结，即"三天不打，上房揭瓦"，不得不说，这也是简单粗暴的家庭教育观念。按照道理来说，现代社会各种观念更新换代，教育观念也时时更新，新时代的父母理应不再对孩子这么强权压制，但还是会有很多父母把传统的错误教育观念奉为金科玉律，也有极少数父母因为一时冲动而对孩子痛下狠手，甚至失手把孩子殴打致死，也有的父母以极端的方式逼迫孩子走上绝路。当惨剧接二连三地发生，作为父母，作为现代社会中的每一个人，我们不应该努力反思自己，让自己变得更加理性和从容吗？

当父母对孩子扬起巴掌、举起拳头的那一刻，实际上就是在用自身的强大来压迫弱小的孩子。试问，当父母老迈，打不动孩子，孩子也成为强壮的成年人，他们还会这么对待孩子吗？当然不会。所以，尽管爱动手的家长不愿意承认自己是在欺负孩子，但他们的确是在欺负孩子，只不过他们的行为是在潜意识的驱使下做出来的，所以他们丝毫不自觉而已。

2005年，北京发生了一起让人震惊的亲生儿子杀死母亲的恶性事件。儿子只有16岁，在残忍地杀死母亲之后，他把母亲的尸体藏起来，而后用从母亲尸体上搜刮来的几百元钱去网吧上网。等到有人报案，警察介入，只用了几天的时间就在网吧里抓到了这个少年。原来，这个少年的学习成绩不好，为了督促少年学习，母亲经常打骂孩子，导致孩子破罐子破摔，非但学习成绩没有任何进步，反而对母亲心生怨恨，最终对母亲做出这种惨绝人寰的恶行。

在审判少年期间，法官了解到少年长期在母亲的管教和打骂下成长，内心积怨已久，因而当母亲再次对他挥舞起拳头时，他被愤怒冲昏头脑、被仇恨蒙蔽眼睛，所以才会杀死母亲，然后藏起母亲的尸体，用从母亲尸体上搜刮到的钱去网吧里玩。

亲生儿子杀害母亲，听起来简直匪夷所思，也让每一个听闻这个案例的人都不寒而栗，然而，亲生儿子为何要杀害母亲，这背后的原因则是我们应该深思的。虽然父母生养了孩子，但是孩子并不是父母的附属品，也不是父母的私有物。作为父母，我们既要养育孩子，也要讲究教育的方式方法，这样才能有效引导孩子快乐成长，让孩子身心健康、人生无忧。

心理学家经过研究发现，很多父母管教孩子的方式不恰当，导致孩子内心留下阴影，大多数孩子尽管没有做出出格和过分的举动，其心理健康却受到很大影响。实际上，当因为孩子的言行举止而陷入愤怒状态时，父母首先要冷静下来平息怒气，不妨问问自己生养和教育孩子的目的是什么，这样既有利于站在孩子的角度上考虑问题，也有利于设身处地为孩子着想、更好地与孩子沟通。在亲子关系中，父母往往占据主动和主导地位，就更应该肩负起引导孩子的重任，而做到这一点的前提就是控制好情绪。

任何时候，父母都不要打骂孩子，因为打骂是很糟糕的亲子关系处理方式，更加表现出父母对于孩子无计可施因而只能以强势欺压孩子的无能。当孩子经常被父母打骂、形成犯错的人就应该挨打的错误观念后，他在人际相处中也会以同样的暴力方式对待其他孩子，导致人际关系恶劣。要想成为合格的父母，首先要放下拳头，这样才能最大限度与孩子亲近、赢得孩子信任，才能让教育孩子水到渠成、事半功倍。

父母脾气坏，孩子更胆怯

每一个父母都望子成龙、望女成凤，这是人之常情。然而，孩子还小，正在成长的过程中，难免会有很多事情做得不够好，或者犯各种各样的错误。在这种情况下，父母就要不停地纠正孩子、引导孩子，有些父母因为脾气急躁，还会训斥孩子。殊不知，父母越是脾气坏，对孩子的要求和禁锢越多，孩子就会越发胆怯、怯懦。这是因为父母没有给孩子广阔的成长空间，反而处处限制孩子，导致孩子放不开手脚去成长。

很多父母在看到别人家的孩子落落大方、能力超强时，总是羡慕嫉妒，却不知道这都是父母对孩子有合理的历练才能培养出的孩子独立的能力。如果父母对于孩子总是约束，则孩子一定会越来越胆怯。因此，在教养孩子的过程中，父母一定要及时对孩子放手，与其等到孩子长大再因为能力限制无法面对生活，不如趁着孩子小时候放手，这样可以尽早锻炼孩子的能力，有助于孩子长大之后更加从容地面对生活、成就人生。

开学之初，参加完家长会之后，爸爸回到家里对子轩怒目以视："子轩，你是怎么回事？"妈妈闻讯赶来，问爸爸："你怎么了？老师在家长会上说什么了吗？你为何这么生气？"爸爸指着蔫头耷脑的子轩说："老师让你当班委，你为何不当？"子轩嗫嚅着说："我觉得我能力不够，另外我想把精力用于学习。"爸爸生气地说："把精力用于学习？我也没见你学习好到哪里去啊！我告诉你，这个班委必须当，这样才能锻炼能力，否则你看看你的熊样，你到哪里能成人啊！"

妈妈看到爸爸把子轩骂得狗血喷头，赶紧说："老郑，你能不能恢复下情绪呢？你这么骂他，他哪里来的自信啊！"爸爸说："你是没去参加家长会，老师亲口告诉我，子轩什么都好，就是太胆小。你说说，咱们好不容易养个儿子，怎么能把他养成窝囊废呢？"妈妈陷入沉思，良久才说："那你知道子轩为何这么胆小吗？"爸爸说："胆小还能为什么，天生的呗，就是没气度没勇气呗！"妈妈语重心长对爸爸说："其实不是这样的。你看到没有，我姐姐家里的孩子比子轩还小一岁，还是女孩，胆子却很大。这是因为姐姐和姐夫总是鼓励孩子、赞许孩子，在孩子遇到困难的时候给孩子支持和力量。你呢，包括我，都只会批评和否定孩子。尤其是在小时候，奶奶负责带孩子，总是怕孩子摔了碰了，坚决不让孩子自由行动。这样一来，孩子总是畏畏缩缩，不管做什么事情，都很胆小。我觉得我们要先从自己身上找到原因，才能给孩子勇敢尝试的勇气。"说着，妈妈还拿出一本关于儿童心理的书籍，建议爸爸："我认为，我们都应该学习一些关于儿童的知识，这样才能更好地陪伴孩子成长。"

这个事例中，妈妈说得很对，父母对于孩子管教和约束越多，孩子就会越发胆小。在教养孩子的过程中，随着孩子渐渐成长，能力越来越强，父母一定要学会对孩子放手，这样孩子才能越来越胆大，才能更加勇敢坚定。

现代社会，有很多家庭都是独特的"4-2-1"结构。这就注定了孩子会得到父母所有的爱，也会得到长辈无微不至的关照和呵护。然而，父母再爱孩子，也不可能永远陪伴在孩子身边，照顾孩子一辈子，最重要的在于及时锻炼孩子的能力，让孩子能够自立自强。尤其是对于孩子力所能及的那些小事情，父母一定要放手让孩子去做。孩子也许一次两次做不好，但是只要练习的次数增多，孩子最终肯定能把事情做好。当孩子主动提出要尝试做某些事情的时候，父母不要因为担心危险就禁止孩子去做，而是要鼓励孩子勇敢地迎接挑战。在保证孩子安全的情况下，让孩子接受磨难和挑战，对于孩子的人生有很大的好处，而没有任何坏处。退一步而言，即使遭遇失败，也不是最糟糕的结果，因为孩子还可以从失败中汲取经验和教训，也可以踩着失败的阶梯不断前进。记住，哪怕失败，也比原地踏步、一事无成更好。

父母幽默风趣，孩子成长快乐

教养孩子，绝不是父母单方面努力就能做到的，很多父母误以为，只要为孩子提供吃喝拉撒的物质条件，对于孩子的责任和义务就算尽到。实际上，父母对于孩子的责任和义务远远不止这么多，除了照顾孩子的吃喝拉撒、满足孩子基本的生理需求之外，对于父母而言，最重要的是帮助孩子拥有健康的心态和良好的情绪，也让孩子在成长的过程中感受到快乐与幸福。而做到这一点的前提是，父母要为孩子营造良好的成长环境，让孩子在家庭环境中感受到自由自在和幸福快乐。

很多父母面对孩子总是板起面孔，一副苦大仇深的样子。实际上，父母为孩子付出一切都应该是心甘情愿的，既然如此，父母就不要因为养育孩子的劳累和辛苦而怨声载道，而要无怨无悔地对待孩子，带着愉悦的情绪面对孩子成长过程中的各种问题，这样才能最大限度激发起孩子生命的力量。

在西方国家，曾经有一位心理学家说过，幽默富有感染力，是一种语言的艺术，也是交往的艺术。在陪伴和引导孩子成长的过程中，父母如果总是面色严肃，往往会导致孩子内心压抑。相反，父母如果能够面带微笑面对孩子，并以幽默风趣的语言帮助孩子缓解内心的紧张焦虑，孩子的紧张情绪就会得以舒缓，其在成长的道路上也会更加顺遂如意。

在俄罗斯，很多人都知道大诗人思维特洛夫不但诗写得好，也很擅长教育。其实，思维特洛夫不但擅长教育，还掌握了教育的艺术，那就是幽默。有一次，思维特洛夫从外面回到家里，发现全家人都乱作一团，而他的妈妈正在神情慌乱、语无伦次地安排人去找医生求救。问清楚情况之后，思维特洛夫才知道小儿子趁着家人看管不到位，居然偷偷喝掉半瓶墨水。换作其他父母，得知孩子误食墨水，一定会训斥孩子，然而思维特洛夫很清楚墨水不是毒水，为此他气定神闲地开始教育儿子。

只见思维特洛夫面色轻松地问儿子："小子，你真的喝掉半瓶墨水？"儿子还没有意识到危险，也因为看到爸爸神色轻松，所以还对爸爸做鬼脸呢！这个时候，思维特洛夫拿出一卷平日里用来吸墨水的纸，对儿子说："既然你的肚子里都是墨水，那么就只能吃掉这些吸墨纸，这样才能把肚子里的墨水都吸收掉。"听到思维特洛夫的话，包括儿子在内，全家人都哈哈大笑起来。当然，儿子并没有把这些纸吃下去，但是也再没有喝过墨水。

试想一下，假如你是思维特洛夫，你会怎么做呢？现实生活中，有太多父母都缺乏幽默的特质，或者，原本很幽默的父母，一旦到了孩子面前也会板起面孔，在孩子面前树立所谓的威严。实际上，这对于孩子的成长没有好处，反而很容易导致孩子因为压抑而郁郁寡欢。

明智的父母，会在教育孩子的过程中使用幽默风趣的语言，这样能有效缓解紧张的气氛，也符合孩子天性活泼的特点。当然，还需要注意的是，幽默不是对孩子没有任何原则，也不是放纵孩子由着自己的性子去做人做事，而是要对孩子适度引导，并以孩子喜欢的方式与孩子沟通，从而让教育起到事半功倍的效果。

要想对孩子幽默，首先可以借助生活的场景发挥幽默，打动孩子的心。这样因时制宜，可让幽默事半功倍，也会对亲子关系起到积极的推动作用。其次，还可以借助幽默的故事，培养孩子鉴赏幽默的能力，提升孩子幽默的水平。最后，还要记住，幽默不是讽刺，更不是挖苦嘲笑。幽默的前提是尊重孩子，可以和孩子开善意的玩笑，但不要借助幽默的方式挖苦讽刺孩子，否则幽默的效果就会大打折扣，幽默也会变了味道，失去效果。

作为父母，如果你现在还在板起面孔对待孩子，那么就马上改变吧。不要总是以高压政策对待孩子，也不要总是对孩子颐指气使、神情严肃。当你对孩子发挥幽默的魅力时，你会发现，孩子更愿意采纳你幽默的建议，你的幽默教育也会事半功倍，取得良好的效果。

第 3 章

别只顾着自己说，弯下腰来听听孩子的想法

　　很多父母总是以高高在上的态度教育孩子，每当与孩子产生分歧的时候，还会强迫孩子必须听从自己的建议。长此以往，孩子必然对父母关闭心扉，父母也根本没有合适的渠道了解孩子。作为父母，我们一定不要只顾着自说自话，因为教育总是双方的，父母唯有弯下腰来认真倾听孩子的想法，才能知道孩子所思所想，才能把话说到孩子心里去，有效改善亲子关系，让亲子沟通更顺畅、家庭教育事半功倍。

"高高在上"不是父母的权威所在

很多父母，尤其是强势的父母，教育孩子时口中总是蹦出雷人的语言——"你必须给我把这件事情做好""闭嘴，不要废话连篇""你只能听我的""小孩子不要插嘴"……大多数父母在说起这些话的时候，总是咬牙切齿，恨不得只凭着语气就能让孩子非常听话。殊不知，这样的言行非但不能强迫孩子听话，反而会使孩子对于父母产生逆反心理，导致亲子关系朝着恶劣的方向发展。

仅从身材上而言，父母比起孩子，占据了很大的优势，不但比孩子更高，而且比孩子更加强壮。从心理上而言，父母有更丰富的人生经验，心智发育成熟，因而也比孩子占据更大优势。在这种双重的不平等情况下，当孩子想与父母沟通时，如果父母对孩子颐指气使、居高临下，则无异于恃强凌弱，会给孩子造成巨大的心理压力。当父母肆无忌惮地挖苦讽刺孩子时，就如同给孩子当头泼上一盆冷水，不但会破灭孩子心中的热情，也会让孩子与父母之间越来越疏远，乃至产生隔阂。

作为父母，我们一定不要总是声色俱厉地批判孩子，而应在照顾和满足孩子生理需求的同时，兼顾孩子的情绪，满足孩子的心理需求，这样才能避免扼杀孩子的灵性，有意识地保护孩子稚嫩的心灵。

一直以来，琪琪和妈妈的关系都非常好，她和爸爸的关系却很紧张，甚至有些害怕爸爸。有一天放学后，琪琪神秘地告诉妈妈："妈妈，我们班级里，有个女孩的爸爸妈妈离婚了。""哦！"妈妈情不自禁皱起眉头，"这是人家的隐私，你是怎么知道的？"琪琪小声对妈妈说："因为今天来学校的时候，那个女孩的眼睛红红的，都肿了，我们同学都知道她的爸爸妈妈离婚了。"妈妈说："哎，父母离婚，最倒霉的就是孩子。"琪琪说："我们班的同学还说，她不是爸爸亲生的孩子，所以爸爸才不要她。"说着，琪琪突然压低声音问妈妈："妈妈，我是不是也不是爸爸亲生的？"妈妈很惊讶："琪琪，你怎么会这么问呢？"琪琪说："班级里那个女孩经常被爸爸骂、被爸爸揍，虽然我的爸爸没有骂我、揍我，但是他也常常凶我，对我可严厉了。我就想，我应该也不是爸爸亲生的。"听了琪琪的话，妈妈陷入沉思。

晚上，趁着琪琪睡着了，妈妈对爸爸说："爸爸，你以后还是多多注意下吧，琪琪都怀疑你不是他的亲生爸爸啦！"爸爸很惊讶："是吗？为什么这样啊！"妈妈笑起来："你总是对琪琪很凶，她班级里有个女孩爸爸妈妈离婚，据说爸爸不是亲生的，就总是打骂孩子。我看啊，你以后还是多多注意，不要给你闺女留下不好的印象。"爸爸也觉得很好笑，不过对于妈妈的话还是很重视："好的，我以后多多注意，不能养了这么多年闺女，还被闺女质疑不是亲生的啊！"

在这个事例中，琪琪虽然已经长大，懂得一些事情，但并不是完全懂得事情。所以，在得知班级里的同学爸爸妈妈离婚，且经常被非亲生的爸爸打骂时，她很容易联想到自己的身上——爸爸总是非常严厉、面色凝重，说不定也因为非亲生吧！

孩子的心思很奇怪，作为父母，我们不要总是对孩子施展父母的权威，因为真正的权威并非依靠说起话来声音特别大或者对于孩子的各种行为表现都表示否定来塑造的。要想营造和谐的家庭氛围，首先，当孩子想与父母沟通和亲近时，父母要秉承尊重和平等的原则对待孩子，这样才能为孩子营造民主的沟通氛围，才能让孩子有机会倾诉自己的心声。其次，父母除了要关心孩子的吃喝拉撒，更要主动关注孩子的内心，积极地与孩子交流。怀着积极态度对待孩子的父母，就像掌握了与孩子相处的万能钥匙，能够打开孩子的心扉，且能够与孩子和谐顺畅地沟通和交流。作为父母，我们切勿把自己摆放在高高在上的位置，所谓高处不胜寒，父母唯有放下架子与孩子真诚用心地沟通，才能成为孩子最好的朋友，才能与孩子建立深厚的感情和彼此信任的良好关系。

认真倾听孩子的表达

在日常生活中，每个人都要生活在人群之中，都要与他人之间进行交流和沟通，才能保障社会生活顺利进行下去。对于孩子而言，同样也是如此，当孩子正处于成长的关键阶段时，更多地与父母接触和相处，而当他们在遇到很多困难的时候，都会第一时间向父母倾诉。遗憾的是，对于孩子的倾诉，很少有父母能够保持积极的态度倾听，他们反而常常会认为孩子是"少年不识愁滋味，为赋新词强说愁"，因而对于孩子的表现完全不以为然，对于孩子倾诉的内容也丝毫不放在心上。

很多父母都抱怨孩子不理解父母的苦衷，实际上，父母同样不理解孩子对父母的信任和依赖。在大多数孩子心中，父母是他们的天，是他们的地，也是他们在这个世界上唯一的依靠和成长的灯塔。孩子不仅会在遇到困难的时候向父母寻求帮助，也会在有了高兴的事情时和父母分享。作为父母，哪怕工作再忙，心情再烦躁不安，我们也不要对孩子不耐烦，否则，孩子一旦关闭心扉，再也不会主动对父母倾诉。除此之外，父母还要做到真心关心孩子，一旦发现孩子在行为表现方面有异常，一定要主动询问孩子情况。

很多父母都以工作太忙为理由忽略孩子，那么请问：辛苦工作到底是为了什么呢？当然是为了让孩子快乐成长，也是为了给予孩子更多更好的照顾。既然如此，父母就不能本末倒置，哪怕工作再忙，也要抽出时间来关注孩子，倾听孩子的声音。父母唯有对孩子付出耐心和爱，孩子才会以同样的态度对待父母。

"啊？你刚才说什么，再说一遍！"妈妈的话音刚落，乐乐就爆发起来："每次我说话的时候，你到底有没有在听？总是让我再说一遍、再说一遍，这不是很可笑吗？"对于乐乐的质疑，妈妈也有自己的理由："我刚才在做饭好吧，锅下面燃着火呢，我能一心二用吗？"乐乐不依不饶："你就是不尊重我！"妈妈不以为然："小屁孩，还谈尊重。都是因为你没有眼力见，非要在我做饭的时候来和我说话，才会这样的。如果我在你写作业的时候和你说话，你能做到一边写作业一边听我说话吗？即使你真的听到我在说什么，你的作业也会因为一心二用而出现错误。"听到妈妈这一番狡辩，乐乐气得无语，回到自己的房间里看书了。

事例中妈妈和乐乐之间的对话，相信很多父母和孩子之间都曾经进行过。很多孩子总是兴致勃勃地把自己在学校里一天的见闻主动告诉父母，而父母却对于孩子的话不以为然，也丝毫提不起兴致。这样的态度很容易伤害孩子倾诉的积极性，若父母不愿意听孩子诉说，渐渐地，孩子长大了，哪怕父母追着问，他也未必愿意对父母倾诉。因而明智的父母会注意保护孩子倾诉的兴致和欲望，让孩子在愿意倾诉的时候养成倾诉的好习惯，这样一来，即使进入叛逆期、青春期，孩子也会主动和父母沟通，从父母那里得到积极的指引和有效的帮助。

孩子的成长是不可逆的过程，父母不要以忙碌为借口，忽略对孩子的关注。否则，等孩子长大成人，父母再想和孩子亲近，也不可能实现，因而明智的父母不会错过孩子的成长过程，而是会真诚友善地对待孩子，敞开心扉与孩子交流，从而与孩子亲近，并卓有成效地陪伴和引导孩子。父母一定要记住，不要对孩子采取敷衍了事的态度，否则孩子就会对父母感到失望，也不会再主动与父母进行沟通。记住，亲子关系也是普通人际关系的一种，而对于人际关系而言，尊重是相互的。所以，父母面对孩子时要尊重孩子，这样才能得到孩子的尊重。作为父母，我们再也不要对孩子居高临下、颐指气使，唯有做到倾听孩子，才能走入孩子的内心，也唯有做到倾听孩子，才能得到孩子同样的对待。

孩子爱说话，父母有耐心

有相当一部分父母为孩子的啰唆而烦恼，总觉得孩子说起话来颠三倒四，尤其是刚刚学会表达的孩子，更是会慢慢吞吞说个不停。有的时候，还会有重复、啰唆的现象发生。如果父母缺乏耐心，在孩子磕磕巴巴说话的时候，难免会催促孩子，使孩子心急如焚。实际上，孩子之所以出现说话结巴的情况，就是因为他们的语言表达跟不上思维的速度，从而导致思想在前、语言表达在后，说起话来断断续续、连不成句子。越是面对这样的情况，父母越是应该耐心，等待孩子把想说的话说完，即便孩子结巴，也不要催促孩子，因为催促会打断孩子的思路，导致孩子在表达方面形成更大的障碍。

尽管很多人都知道亲子关系应该是平等的关系，而实际上，现实生活中的亲子关系并不平等。常见的现象是，父母在说教的时候，要求孩子必须认真倾听；而等到孩子想要表达的时候，父母却不愿意听。不得不说，这样的父母对于孩子缺乏耐心，也因为催促而导致孩子的语言表达面对更大的困境和障碍。为了让孩子形成良好的语言表达能力，父母一定要坚持有耐心地倾听孩子，不要因为孩子的长篇大论而心烦。当父母为孩子营造充满爱与自由的环境，当孩子在父母的尊重和平等对待下成长，他们自然更加充满自信，也会在各个方面都得到全方位的发展和成长。

梓悦从小就是一个爱说话的孩子，总是喜欢和人聊天，也会主动向爸爸妈妈表达。有的时候，家里来了客人，梓悦就会招待客人，和客人闲话家常。有一次，爸爸单位里有个同事过来家里，和爸爸说工作上的事情，梓悦不明所以，又在主动招待。看着梓悦说起话来没完没了的样子，爸爸生气地斥责梓悦："梓悦，你累不累啊，爸爸要和叔叔说工作上的事情，你能去房间里安静地待着吗？"梓悦当然不愿意，噘着小嘴很不情愿地离开了。

后来，梓悦因为不遵守课堂纪律，在课堂上说话，被老师批评。老师还把爸爸叫到学校，对爸爸说："你们家的梓悦真是爱说话，那嘴巴不用胶布粘上是没救了，上课都堵不住她的嘴巴。当然，平日里性格开朗，爱说爱笑，是好事，但是把这种表达运用到课堂上，就不好了。"爸爸被老师数落得一头怒气，回到家里索性真的找了一块胶布把梓悦的嘴巴粘起来。梓悦受到这样的对待，眼睛里顿时充满泪水。妈妈回到家里，看到爸爸的所作所为，当即狠狠批评了爸爸。果然，接连好几天，梓悦都变得很沉默，妈妈生怕梓悦有心理问题，专门请假在家陪伴梓悦。

对于孩子而言，上课不能完全按照老师的要求遵守课堂秩序，完全是正常现象，父母无须因此而压抑孩子的天性。实际上，和那些沉默寡言的孩子相比，爱说话的孩子内心更加健康，因为他们善于把心中的困惑表达出来，也希望通过交流让自己拥有好情绪和好人缘。其实，孩子之所以爱说话，一定程度上是因为受到了外部环境的影响。细心的人会发现，大凡健谈的孩子，都有健谈的爸爸或者妈妈。此外，有的孩子天性就喜欢表达，说出来的话或者是刨根问底式的，或者是毫无意义地唠叨，也或者是在为自己答疑解惑。所以，常常有孩子在好奇心的驱使下把父母问到理屈词穷，逼迫得父母不得不给孩子买来"十万个为什么"，才能让他们暂时安静下来。

对于爱说话的孩子，父母不要总是严厉禁止孩子表达，而应该找到孩子喋喋不休背后的原因。如果觉得孩子说的话毫无意义，父母可以以转移注意力的方式帮助孩子关注其他的事情；或者，如果孩子是在追问，父母也可以教给孩子更多的方法去求证。如果孩子自己能够解决很多问题，他们还会盯着父母不放吗？所以，关键在于尊重孩子，以正确的方式引导孩子，从而让孩子健康快乐、内心充实地成长。

对孩子怀着公正的心

大多数父母都有一颗爱孩子的心，但是他们并没有公正对待孩子的心。这是为什么呢？因为父母总是对孩子怀有偏见，总是理所当然地认为孩子还小，没有自己的思想和观点，必须听从父母的建议才能做好很多事情，也必须接受父母的安排才能拥有充实幸福的生活。其实不然。孩子呱呱坠地的时候，需要依靠父母的照顾才能生存，而随着渐渐长大，孩子有了自己的思想和主张，且想要摆脱父母无微不至的照顾，拥有属于自己的人生。在这种情况下，父母一定要对孩子及时放手，以培养孩子的能力。

父母对孩子不要怀有偏见，不要总是训斥孩子，也不要认为孩子很无知。孩子的成长，方方面面都要有提升，而不仅仅是学习这一个方面。很多父母总是要求孩子只需要把学习成绩提升上去就行，却不知道，孩子如果没有优秀的品质作为人生的支撑，只有学习成绩好，并不算是真正成才。有些父母只以成绩论英雄，而忽略对孩子品质的培养，这对于孩子其实是不公平的。每个孩子的天赋都不相同，有的孩子天生擅长学习，有的孩子只喜欢运动，还有的孩子喜欢艺术……每个孩子都是这个世界上独一无二的生命个体，父母不要对孩子提出过高的要求，也不要苛刻对待孩子，而应认识到孩子很有可能擅长某个方面，而对于某个方面完全不擅长。孩子也有可能只在某一个方面有独特超常的能力，而在其他方面都没有突出的表现。总而言之，父母从对孩子怀着无限的憧憬和希望，到对孩子渐渐感到失望，是因为孩子距离他们完美的理想相差甚远，对此，最重要的在于父母要学会接纳孩子的本来面目，要学会无条件爱孩子。唯有如此，父母才能对孩子更加公正，才能客观评价孩子、理性认知孩子，从而以欣赏的态度接纳孩子。

琪琪的妈妈思想非常传统，在教育琪琪方面，也只关注琪琪的学习成绩。在妈妈心目中，她和爸爸都是普通的工人，所以她唯一的愿望就是琪琪能够在学习方面出类拔萃，未来考上理想的名牌大学，也找到好工作，拥有成功的人生。而妈妈也明白，千里之行始于足下，这一切都要从现在就注重提升琪琪的学习成绩开始做起。

有段时间，琪琪明显表现出对于唱歌的浓厚兴趣，还自己主动报名参加了学校里面的合唱团。得知这件事情之后，妈妈当即表示反对，并且对琪琪说："琪琪，你眼下最主要的任务就是学习，学习，再学习，至于唱歌跳舞这些没有意义的事情，长大之后再去干吧。"不仅如此，妈妈还强迫琪琪从合唱团里退出来。琪琪觉得委屈极了，也对妈妈很不理解。

现实生活中，有很多妈妈都和琪琪的妈妈一样，对于孩子唯一的要求，就是学习好。然而，孩子不是学习的机器，而是有思想有独立见解的人。作为父母，我们一定要尊重孩子的意愿，要知道孩子除了学习之外还有很多有趣的事情可以做。父母要在尊重孩子的基础上，支持孩子奔向美好的未来。父母的偏见，就像是孩子成长道路上的绊脚石，很多父母自以为是，以为孩子好的名义，安排孩子的人生、设想孩子的未来，殊不知，这种剥夺孩子自主选择权利的行为，对于孩子是一种深深的伤害。作为父母，我们一定要心胸开阔，这样才能给予孩子广大的空间去成长、去成就自我。

当孩子的表现不符合我们的期望时，我们还需要注意，不要因为对孩子某个方面不满意，就给孩子贴标签，或者全盘否定孩子。要知道，每个人都有自己的优点和缺点，孩子也是如此。父母的偏见往往会使孩子信心全无，所以父母一定要端正心态，抓住合适的机会激励孩子、支持孩子、成就孩子。尤其是对于青春期孩子而言，他们总是情绪敏感、自尊心强烈，因而父母要保护好孩子的自尊心，让孩子拥有积极健康的情绪。父母要知道，孩子的成长不是一蹴而就的，唯有以爱和耐心对待孩子，引导孩子循序渐进地成长，孩子才会身心健康，感受到人生的幸福与快乐。

换位思考，理解和体贴孩子

众所周知，在人际交往之中，一个人要想理解和体贴他人，就要设身处地站在他人的角度上思考问题，就要理解他人的所思所想与苦衷，而不能总是对他人主观臆断，以致误解和委屈他人。在亲子关系中，尽管父母生养了孩子，但是父母未必完全理解孩子。要想有效改善亲子关系，就要对孩子换位思考，理解和体贴孩子、帮助和支持孩子。

很多事情，对于不同的人而言，往往会有不同的感受。因为父母和孩子看待问题的角度不同，思考问题的出发点也不同，所以，很多事情对于孩子而言至关重要，但是在父母心中则不值一提。在出现这样的分歧时，父母与孩子之间就会发生矛盾、产生争执。面对孩子的强烈反应，父母往往不能理解，实际上这并不是孩子的错误，而是因为父母不理解孩子，导致孩子遭受误解，感到内心委屈，从而对父母越发失望。要想成为合格的父母，首先要理解孩子的内心，要能够从孩子的角度出发考虑问题，理解和体贴孩子，从而与孩子产生共情，进而对陪伴和引导孩子起到积极的推动作用。

周末去花鸟鱼虫市场时，乐乐坚持买回来两只仓鼠。实际上，妈妈一开始是反对乐乐购买仓鼠的，因为妈妈有洁癖，觉得仓鼠是老鼠的一种，不但脏兮兮的，而且会携带病菌。然而，因为乐乐坚持，妈妈也不好强烈反对，就答应了乐乐的请求。仓鼠买回家里后，因为妹妹还小，所以妈妈只允许乐乐把仓鼠放在公共走廊里。每天放学后，乐乐都会给仓鼠换木屑、换水，还给仓鼠喂食物。

起初，妈妈觉得乐乐是三分钟热度，一定很快就会改变心意，不再愿意伺候仓鼠。然而没想到的是，乐乐坚持了一个月，还是乐此不疲。有的时候，乐乐放了学，饥肠辘辘回到家里，连饭都来不及吃，就先给仓鼠换各种用品。眼看着暑假到了，乐乐要去姥姥家里过几天。临行前，乐乐千叮咛万嘱咐让妈妈帮助他照顾好仓鼠，妈妈虽然答应得好好的，但是工作那么忙碌，半夜三更回到家里，完全把仓鼠忘到九霄云外了。接连几天下来，仓鼠缺吃的少喝的，很快就一命呜呼了。乐乐回到家里，看到两只仓鼠都死了，忍不住质问妈妈："我不是我让你帮忙照顾仓鼠了吗？为什么会这样？"妈妈不以为意："不就是两只仓鼠吗？用得着这么难过么！"听到妈妈这么说，乐乐更生气了："这么说，你是故意把我的仓鼠弄死的？"妈妈看到乐乐产生误解，赶紧解释："当然不是。我只是工作太忙，回到家里太晚，就把仓鼠忘记了。"乐乐的眼泪簌簌而下，妈妈意识到乐乐真的很伤心，因而对乐乐说："我知道，你很喜欢仓鼠。这样吧，等到周末，妈妈再带你去花鸟虫鱼市场买两只仓鼠，好吗？"乐乐睥睨着妈妈，说："用不着，谢谢，买回来还不是要被你饿死！"妈妈看到乐乐这么愤怒，也很无语。

在这个事例中，也许是因为妈妈一开始就不允许乐乐买仓鼠，所以乐乐对于让妈妈喂养仓鼠不够信任。再加上妈妈对于仓鼠死去不以为意，更是让乐乐误解为妈妈是故意把仓鼠弄死的。实际上，如果妈妈能理解乐乐的心情，感受乐乐的悲伤，用心地与乐乐解释，事情就不会那么糟糕，母子之间也不会产生隔阂。

很多父母都抱怨自己不知道孩子在想什么，这一则是因为孩子渐渐长大，二则是因为父母总是对孩子滥用权威。其实，父母要想了解孩子也很容易，那就是站在孩子的角度上考虑问题，体谅孩子的情绪，与孩子产生共情，唯有如此，父母才能拉近与孩子的关系，并加深亲子感情，促进亲子沟通。尤其是当对孩子的某些行为表现觉得不以为然时，父母一定不要对孩子表现出不屑一顾的样子。要知道，孩子的自尊心非常强烈，感情细腻而又敏感，所以父母要更加理解和体谅孩子，如此才能打开孩子的心扉，走到孩子的心里去，与孩子之间建立良好而又深厚的感情。

激发孩子的谈兴

在很多父母都为孩子说话太多而感到厌烦的时候，还有很多父母在为孩子不愿意说话和表达而感到烦恼。面对一个如同"闷葫芦"一般的孩子，父母压根不知道孩子心里在想什么，更无从了解孩子的内心世界。为此，父母总是感到抓狂，毕竟，对于父母而言，如果了解孩子的途径被堵塞，那么他们与孩子就会越发疏远。为了打破这样的僵局，让孩子从一语不发到侃侃而谈，父母一定要主动积极地做些什么。

从人际关系的角度而言，父母是孩子在这个世界上最信任和依赖的人，孩子理应有什么话都主动和父母说。那么，孩子为何总是对父母关闭心扉，而愿意和陌生人交流呢？这是因为陌生人更愿意接纳孩子，而父母面对孩子表现不如意的地方，总是挑剔和苛责，甚至在孩子多说几句的时候，也会禁止孩子说话，喝令孩子"闭嘴"。长此以往，孩子内心受到伤害，怎么可能还愿意与父母沟通呢？由此可见，不是孩子不愿意和父母沟通，而是父母从来不给孩子说话的机会，所以孩子才会渐渐闭塞内心、关闭心门。

明智的父母想了解孩子时，会尝试着成为孩子的朋友，而不是以有权威的父母身份高高在上对待孩子。孩子最渴望得到的就是父母的尊重和平等对待，因此，父母作为亲子关系的主导者，要有意识地理解孩子、引导孩子，为孩子创造民主和谐的家庭氛围。若父母总是对孩子颐指气使或者不允许孩子表达自己的内心，那么孩子就会关闭自己，再也不愿意对父母敞开心扉。父母要知道，沟通是亲子相处的艺术，如果父母不能掌握和孩子沟通的技巧和方法，而总是强迫孩子沟通，则孩子一定会越来越内向，真正变成不折不扣的闷葫芦。当父母意识到孩子沉默寡言时，不妨采取各种方法引导孩子说话，激发孩子的谈兴，打开孩子的话匣子。父母一定要记住一点，孩子是愿意向父母倾诉的，只要父母愿意倾听，也愿意了解孩子，只要父母把开场白说好，总能让孩子滔滔不绝。

除了要当孩子的朋友、与孩子和平共处之外，父母还要弄清楚孩子不愿意主动表达的原因。如果孩子不愿意表达是因为父母的冷嘲热讽，那么父母就要注意避免对孩子说出刺激性的话。如果孩子是因为本身性格内向而不愿意表达，那么父母可以找到孩子感兴趣的话题，与孩子进行沟通。如果孩子是在犯错之后担心被批评，那么父母就要端正态度，和善地对待孩子，而不要动辄批评和否定孩子，更不要伤害孩子的自尊。人非圣贤，孰能无过，孩子还处于人生的成长阶段，当然也会犯各种各样的错误。面对孩子的错误，父母要怀着宽容的态度，而不要因为一个小小的错误就否定孩子，更不要因此而对孩子感到失望。

从话语话术的角度而言，有些父母一开口就会让孩子感到抵触和抗拒，例如，"你是哑巴吗，为什么不说话""你不会说话吗，这样保持沉默并不代表你不用受到批评"……诸如此类的话，都会让孩子感到紧张。明智的父母不会这么对孩子说话，而是在与孩子交流的时候积极地鼓励孩子。例如，"这件事情究竟是怎么回事，我很想听你说一说""你认为，还有其他的做法会达到更好的效果吗""真相简直让人震惊，你对于这件事情是怎么想的"等。这些话语都在激励孩子表达自己的内心，也能够有效地让孩子放松心情、缓解情绪，从而敞开心扉与父母交流。

现代社会，孩子们的心思越来越复杂，很多父母都因为不了解孩子而烦恼。殊不知，沟通是人与人之间心的桥梁，要想更加深入地了解孩子，父母就要本着真诚友善、尊重理解的原则与孩子沟通，从而打开孩子的心扉。任何时候，都不要先入为主，以自己的主观感受否定孩子的感受。要知道，作为父母，你不是孩子，不可能切身体会到孩子的感受，既然如此，想要了解孩子就必须设身处地地为孩子着想，也要换位思考，理解孩子的情绪和感受。

第 4 章

积极回应孩子，良好沟通需要父母的认知配合

　　对于人际沟通而言，最重要的是什么？很多人误以为滔滔不绝、口若悬河才是善于沟通，实际上，真正善于沟通的人是懂得倾听的人。在亲子关系中，父母占据主导地位，要想经营好亲子关系，就要做到认真倾听孩子、积极回应孩子，因为父母的倾听不但是对待孩子的积极回应，也表明了对待孩子的尊重的态度。

专注倾听孩子，杜绝三心二意

倾听意味着什么？意味着要放下手中的一切，全心全意认真地去听。在人际关系中，很多人误以为只有巧舌如簧才是善于沟通，实际上，真正的沟通高手，会专注于倾听，会以倾听表现出对他人的尊重，也会以倾听给他人积极的回应。

很多父母都抱怨孩子不听话，觉得与孩子的沟通常常陷入困境。实际上，父母在亲子关系中占据主动地位，父母的态度往往决定了亲子沟通能否顺利进行。作为父母，在孩子倾诉的时候，我们一定不要以为孩子还小、不必尊重孩子。实际上，孩子虽然小，但是也有自尊心，也需要得到父母的尊重和认可，更需要得到父母的关注。为此，父母要以倾听尊重孩子，也要以倾听给予孩子积极的回应。唯有如此，亲子关系才能进展得更加顺利，父母才能在与孩子交往的过程中发挥积极主动的作用。

平日里，妈妈对于小小管教很严格，常常限制小小不能做这个、不能做这个。与妈妈恰巧相反，爸爸对于小小管教很宽松，总是支持和鼓励小小勇敢地尝试更多。为此，小小更喜欢爸爸，更愿意和爸爸一起玩。

有一天，小小从幼儿园放学，兴致勃勃对爸爸说："爸爸，我要告诉你一个好消息。"爸爸正在看报纸呢，盯着报纸头也不抬地说："什么好消息？"小小看到爸爸的反应，明显有些失望，但是他还是继续告诉爸爸："爸爸，你知道么，今天幼儿园里做游戏啦！"爸爸似乎看报纸很入迷，所以依然没有抬头，说："你玩过游戏了吗？"小小突然间大哭起来："爸爸，你怎么回事，我在和你说话，你到底听没听呢？"爸爸这才抬起头，惊讶地看着小小："小小，你怎么了？"小小眼睛里含着泪水，委屈地对爸爸说："爸爸，我在和你说话，你都不听。"爸爸赶紧看着小小，说："小小，那你告诉爸爸，你今天玩什么游戏了？"小小这才破涕为笑，告诉爸爸："爸爸，我们今天玩的游戏可好玩了。两个人为一个组，把每个人的一条腿捆在一起，比赛跑步。"爸爸饶有兴致地问："小小，这个游戏一听就很好玩啊！你愿意教会爸爸怎么玩吗？"小小当即就开始教爸爸玩游戏，很快，他们就玩得不亦乐乎。

很多父母在对待孩子的时候都会犯一个错误，即觉得孩子小、不懂事，所以从不把孩子的所言所行放在心上。殊不知，孩子虽然人小，但是自尊心很强。当向父母倾诉而没有得到积极回应的时候，孩子很容易感到自尊心受到伤害，也会因此而受到挫折，甚至失去继续向父母倾诉的信心。

对于父母而言，面对孩子的倾诉，不管手里正在做着什么事情，也不管正在忙什么，都要当即放下来，全心全意地听孩子倾诉，并专心致志地给予孩子积极的回应，让孩子感受到父母的尊重。得不到父母回应的孩子，往往没有兴趣继续讲述，与父母沟通的积极性也会受到打击。相反，如果父母更加尊重孩子，当即放下一切去倾听孩子，就是对孩子最大的鼓励。

对孩子的话题表现出浓厚的兴趣

在倾听孩子说话的时候，父母除了要贡献出一双耳朵之外，还要贡献出一颗全心全意的心。因为父母的倾听是对孩子最好的鼓励，如果父母对于孩子的倾诉置若罔闻，那么孩子就会失去倾诉的兴趣，甚至备受打击。所以，在倾听孩子的时候，父母一定要表现出兴趣，这样才能鼓励孩子继续勇敢地去说。

如果一个人在表达的时候没有收到任何回应，就像是把拳头打在软绵绵的棉花上，没有返还的力道，这样一来，必然力道全无。试想一下，如果父母对孩子说话，孩子却没有任何反馈，那么父母将会作何感想？对人最大的尊重是倾听他人的表达，也是在他人表达的时候表现出浓厚的兴趣，并给予积极的回应。从本质上而言，亲子关系也是普通人际关系的一种，同样要符合人际关系的要求，作为父母，我们在与孩子交往的时候，不要因为孩子还小就对孩子的所言所行不以为然，否则就会伤害孩子表达的欲望，导致孩子再也不想对父母倾诉和表达。可想而知，这样一来就关闭了父母与孩子沟通的渠道，会导致亲子沟通受到阻隔，后果很严重。

才刚刚走出幼儿园的门，甜甜就对妈妈说："妈妈，小玉有一个特别好玩的芭比娃娃，她不但穿着衣服，眼睛还会动呢！"妈妈正在琢磨晚饭吃什么呢，对于甜甜的话完全充耳不闻，只是敷衍了事地应付道："嗯，嗯。"甜甜继续对妈妈说："妈妈，那个布娃娃是粉色的，头发是金色的，还有着波浪的形状。"妈妈还是漫不经心，甜甜继续问妈妈："妈妈，我过生日的时候也可以拥有这样的一个礼物吗？"听到"生日""礼物"等字眼，妈妈敏感起来，突然问道："你刚才在说什么？"

甜甜已经读幼儿园大班，懂事的她马上意识到妈妈此前对于她所说的话完全没放在心上，为此她生气地质问妈妈："妈妈，你到底在想什么？我不想和你说话了，反正我说了什么你根本没听到。"妈妈一本正经对甜甜说："甜甜，距离你过生日还有好几个月呢，先不着急挑选生日礼物，否则到时候你又会改变。"甜甜噘着小嘴，对于妈妈的话完全没有反馈。

在这个事例中，甜甜一开始非常积极地在和妈妈沟通。然而，妈妈对于甜甜所说的话完全不放在心上，甚至对于甜甜的表达也根本不在意。最终，甜甜意识到妈妈根本没有用心听她说话，因而非常生气，对于妈妈所说的话也完全不作回应。

实际上，人际关系中，人与人之间很多态度都是相对的，一个人要想得到他人的尊重，首先要尊重他人。即使是亲密无间的父母与子女，也同样需要积极地对待对方、回应对方。尤其是父母对待孩子，孩子的自尊心很敏感，感情也很细腻，父母千万不要因为孩子小就忽视孩子，而应尊重孩子的感受，积极地对孩子作出回应，这样孩子才会更加主动地投入亲子沟通之中，愿意与父母分享自己的心事和情绪感受。

作为父母，我们还要知道的是，当父母对孩子的表达很冷漠，不但会使得孩子失去与父母沟通的兴趣，也会影响孩子未来的人际沟通和社会交往。这是因为孩子在成长过程中的经历对于孩子长大成人之后也会产生影响，因而父母一定要在孩子还小的时候就注重保护孩子与人沟通的兴趣与热情，并有意识地提升和锻炼孩子的沟通能力。而对于孩子表达的话题表现出浓厚的热情，就是对孩子最大的鼓励。

给予孩子积极的回应

给孩子回应，绝不仅仅是给予孩子肯定而已，而是要给孩子积极的回应。在人际沟通中，要想成为一个合格的倾听者，除了需要贡献出两只耳朵之外，还要贡献你的心灵、你的嘴巴，这样才能用心倾听他人，才能通过思考及时给予他人有效的反馈。每个孩子对于父母都是非常依赖和信任的，如果他们说出去的话没有得到父母及时、积极的反馈，他们就会误以为父母对他们的话题丝毫没有兴趣，如此，他们表达的热情就会受到打击，他们甚至会因此停止表达。长此以往，孩子与人沟通的积极表现会渐渐消失，因为，连父母都不愿意与他们沟通，他们当然没有信心与陌生人搭讪或者与他人进行积极有效的沟通。从这个意义上来说，父母是否积极回应孩子，不但关系到亲子沟通，也与孩子未来在人际交往中的表现密切相关。

所谓积极地回应，指的是父母要对孩子态度积极、回应积极，且要全心全意与孩子沟通。很多父母在听孩子说话的时候完全心不在焉，殊不知，孩子虽然小，对于父母的态度却非常敏感。也有些父母因为不耐烦，粗暴地打断孩子的话，或者否定和批评孩子、打击孩子的自信心，这些无疑都是错误的做法。要知道，父母对于孩子的责任和义务，远远不是照顾好孩子的吃喝拉撒这么简单，父母尤其要关心孩子的心理健康，这样才能最大限度保证孩子在人生的道路上始终坚持正确的方向，绝不偏移。

很多父母为教育孩子而感到烦恼，实际上，父母之所以感到孩子不听话，是因为与孩子的沟通受到了阻碍。父母只要能够走进孩子的心里去，了解孩子的所思所想，并能够扫除沟通的障碍，与孩子顺畅沟通，就会在教育孩子的时候取得更好的效果。父母都要知道，强求绝不能使孩子听话，真正能让孩子听话的方式是把话说到孩子的心里去，让父母说出去的话都是孩子爱听的、乐意遵从的，这样家庭教育才能水到渠成、效率倍增。当然，也有很多父母以工作忙为借口，不愿意花费更多的时间和精力与孩子沟通、打开孩子的心结，而总是对孩子采取强迫的方式。实际上，这样的强制也许暂时能够压制住孩子，但是随着孩子渐渐长大，自我意识越来越强，这必然会失去效果，也导致父母在亲子沟通中陷入被动的局面。明智的父母，不管有多么忙碌，都会抽出时间积极地回应孩子，从而借机激励孩子坦诚地表达自己。很多青春期孩子的父母因为孩子不愿意主动表达而烦恼，对此，父母不如想一想，在孩子小时候，作为父母的自己是否做到了积极地激励孩子、引导孩子去表达。

这是甜甜在幼儿园第一次参加集体的春游，为此，她很兴奋，从春游的地方回来之后，就对妈妈说个不停："妈妈，春游可真好玩啊！我还想春游。春游不但可以带着好吃的和小朋友分享，还可以和小朋友手牵手一起走。"妈妈笑着敷衍甜甜："嗯，嗯。"甜甜依然兴致不减，说："妈妈，你知道么，老师还给我们拍照片了呢！"妈妈这次只是点点头，脸上的笑容一闪即逝。

走出去很远，妈妈才发现甜甜不见了，吓得赶紧回头去找，这才发现甜甜正站在她身后，对她怒目以视。妈妈不知所以，喊道："甜甜，你怎么不赶快走啊！"甜甜噘着小嘴一句话也不说，站在那里也不动。无奈，妈妈只好折返回去，拉起甜甜的小手，说："走吧，快回家吧！"甜甜对妈妈说："妈妈，我不愿意和你当好朋友了。"妈妈不解："为什么？"甜甜说："因为你没有在听我说话，我也不喜欢春游了。"妈妈更纳闷了："你不喜欢妈妈，为何也不喜欢春游了呢？"甜甜郁闷地说："我春游回来告诉你，你都不听，我为什么还要去春游呢？"妈妈意识到她对甜甜的态度不对，赶紧补救："甜甜，春游你很开心对不对？"看到妈妈态度转变，甜甜马上尽释前嫌，对妈妈点点头。妈妈说："甜甜这是第一次参加春游，以后，每年春天到了，甜甜都可以参加春游，好吗？"甜甜高兴得一蹦三尺高。妈妈又对甜甜说："而且，甜甜马上就要上一年级了，等到进入一年级之后，不但春天有春游，秋天还会有秋游呢！"甜甜简直难以置信，瞪大眼睛问妈妈："真的吗？"妈妈说："当然是真的。"甜甜兴奋不已。

在这个事例中，甜甜原本兴致勃勃，后来之所以不愿意继续和妈妈交流，还对妈妈意见很大，就是因为她没有得到妈妈的积极回应。孩子虽然小，对于父母的敷衍态度却感知得很明确。作为父母，不管得到孩子怎样的倾诉，我们都要珍惜孩子的信任。记住，如果父母几次三番打击孩子倾诉的积极性，失去孩子的信任，那么，未来再想与孩子打开心扉交流，就会显得难上加难。

还需要注意的是，所谓积极地回应，绝不是对孩子的表达给予肯定的答复，而是要认真倾听孩子的表达，并区分孩子的对错。在交谈的过程中，如果发现孩子的思想误入歧途，父母要采取合适的方式引导孩子，指引孩子找到正确的方向。只有父母尊重孩子，孩子才愿意对父母敞开心扉；只有父母用心倾听孩子，孩子才愿意对父母吐露心声。

不要总是否定孩子

很多父母在与孩子相处的时候都会陷入一个误区，即情不自禁地把孩子当成成人去对待，也以成人的要求要求孩子。殊不知，孩子的身心发展正处于特殊阶段，他们心智不够成熟，心理状态也不稳定，同时，因为缺乏社会经验，孩子在分析和处理很多问题的时候，都会感到迷惘，也会陷入困境。对于父母来说，当看到孩子误入歧途，最重要的是做什么？从理智的角度而言，大多数父母都知道要引导孩子，帮助孩子走出思维的误区，找到正确的解决问题的方法。遗憾的是，现实生活中，很多父母一旦发现孩子犯错误或者在某些方面做得不够好，就会立即指责和否定孩子，导致孩子的自信心受到打击。

父母对待孩子的方式，对孩子的成长影响很大，有些父母教育孩子的方式简单粗暴，甚至会对孩子的内心产生严重的负面影响，也会对孩子的一生都起到消极的作用。由此可见，父母对于孩子的成长起到关键作用，作为父母，我们面对孩子的时候一定要谨言慎行，规范自己的言行。

要过年了，爸爸得了一大笔年终奖，妈妈决定为家里换一个新冰箱。交了钱之后，新冰箱还没有送到家，妈妈和乐乐商议旧冰箱的去处。乐乐建议妈妈："妈妈，要不把旧冰箱卖掉当废品吧。"妈妈摇摇头，说："卖废品不合适吧，毕竟咱家的冰箱才用了七八年，还有个五成新呢！"乐乐又说："那要不送人吧，不过谁家需要旧冰箱呢？给姥姥好不好？"妈妈赶紧否定："给姥姥不合适吧，到时候舅舅该说咱们小气，给老人送个冰箱，还送了个旧的。而且，冰箱是大件，姥姥家距离比较远，也不方便运送。可以买个新的冰箱送给姥姥，这样会有人负责送货上门的。"乐乐陷入沉思："不然就捐献给需要的人吧，这样也算做了好事。"妈妈想了想，说："可以。要不就由你来负责操作吧。你可以去小区里张贴一个告示，内容就写家里有五成新冰箱赠送，功能正常使用，上门自取。"乐乐当然很乐于做这件事情。妈妈说："你想一想，如何才能保证冰箱的确给了需要的人，而不会被收废品的人冒领呢？"乐乐拍着胸脯对妈妈保证："放心吧，妈妈。我马上就去设计方案，保证把冰箱送给需要的人。"

最终，乐乐设计方案，要求前来领取冰箱的人必须提供身份证，也要提供证明居住地址的相关材料，如租房证明或者产权证复印件。在征得妈妈的同意后，乐乐把告示贴出去，才过了一天，就有人来电话预定冰箱，也预约了来取货的时间。

看到这个事例，很多人一定对事例中乐乐的表现感到非常惊讶，作为孩子，他能够在考虑问题的时候面面俱到，并且把问题处理好，这是很难得的。当然，每一个孩子并非天生就能把所有事情都做好，而是需要经过多次锻炼不断提升能力。要想培养出独立自强的孩子，最重要的是从小培养孩子的独立能力，并抓住各种机会锻炼孩子。

当然，最初的时候，孩子在各方面的能力一定会有所欠缺，当发现孩子做得不够好时，父母不要否定和批评孩子，而应引导孩子深入思考，想出更好的解决方案。只有持续引导孩子，让孩子循序渐进地成长，孩子才能在各个方面做得更好。作为父母，我们不要羡慕别人家的孩子各个方面都能力超强、非常优秀，而应从自身开始做起。父母总是否定孩子，还会导致孩子在做很多事情的时候都产生畏难的情绪。明智的父母会保护好孩子的信心，并积极地鼓励孩子参与家庭事务的商议，这样孩子才能更具有小主人翁的意识，对家庭更加负责，渐渐地具有责任心，并提升能力。

接纳和理解孩子的情绪

人是感情动物，也是群居动物，每个人都要在人群中生活，情绪难免会有波动。孩子虽然小，但也有感情，也会产生各种各样的情绪。当孩子产生情绪时，父母不要急于否定孩子的情绪，而要理解和接纳孩子的情绪。现实生活中，很多父母一旦看到孩子哭闹不止，就会马上严厉禁止孩子，殊不知，这样强行终止孩子的情绪，对于孩子而言没有任何好处。情绪就像流水，应该处于流动的状态之中，而不应该静止不动。作为父母，我们一定要学会引导孩子发泄情绪，也要掌握帮助孩子疏导情绪的技巧，这样才能有效地缓解孩子的不良情绪，帮助孩子恢复良好状态。若一味地压制孩子的情绪，只会导致孩子郁郁寡欢，负面情绪无法得到有效排遣。

很多父母尽管爱孩子，却不能做到理解孩子的情绪，他们反而常常采取错误的方式对待孩子，激发孩子的负面情绪。这样一来，孩子情绪不平，内心自然惶惑不安，其身心健康也会因此而受到影响。明智的父母会尽量接纳孩子的情绪，并认识到孩子有各种情绪产生是正常现象、是无可厚非的。只有怀着这样的心态，父母才能发自内心接纳孩子的情绪，才能自然地对待孩子的情绪，以免作出过激的反应给孩子带来更加沉重的心理压力。

有一个周末，妈妈带着甜甜在公园里玩耍。巧合的是，甜甜遇到了幼儿园里同班级的两个女孩。能够在幼儿园之外的地方相遇，三个女孩都感到非常兴奋，当即玩耍起来。大概玩了半个小时之后，妈妈接到一个电话，挂断电话之后，妈妈就喊甜甜："甜甜，快回家吧！"甜甜正玩得高兴呢，当然不愿意和妈妈回家，为此强烈反对。

这个时候，妈妈不由分说走上前去，拉住甜甜的胳膊，拽着甜甜走开。甜甜马上哭起来，拖拉着屁股不愿意配合妈妈。但是妈妈力气很大，而且着急地拉着甜甜走，根本不顾甜甜的情绪。

妈妈接到电话之后，也许的确突然有事情需要处理，但这并不是可以完全无视甜甜情绪的理由。对于一个孩子而言，正玩得高兴，突然就被妈妈拖走，这当然是很糟糕的情绪体验。尤其是妈妈很心急，丝毫没有给甜甜缓冲的时间，这样一来，甜甜的情绪就会更加激动、紧张。理智的妈妈会给孩子的情绪一个缓冲的时间，而不会强制要求孩子的情绪必须急刹车。正如事例中的妈妈，如果能够在挂断电话之后告诉甜甜："甜甜，再玩五分钟，咱们回家，妈妈有事情需要处理，好吗？"这样一句话，不但向孩子解释了为何要回家，而且给了孩子五分钟的时间缓冲情绪、接受要回家的现实，是更有利于让孩子从心理上接受的。

孩子的情绪很敏感，但很多父母却误解孩子还小、没有情绪。这样错误的观点，导致很多父母都会粗暴地对待孩子，而从不考虑孩子的感受。冲动的情绪就像是一辆急速飞驰的列车，作为父母，我们一定要照顾到孩子稚嫩的心灵，给予孩子缓解情绪的时间。当孩子正在全身心投入地从事某项活动的时候，父母要以合理有效的方式帮助孩子停止活动，例如，和孩子协商再玩多久，或者以其他有趣的事情吸引孩子的注意力，让孩子主动接受安排，这无疑是更为有效的方式，也有利于孩子的身心健康。

很多时候，父母对于孩子感兴趣的事情不以为然，以成人的标准去衡量孩子正在从事的活动是否有趣。实际上，这是不合理的。孩子可以从简单的活动中感受到成人无法感受到的乐趣，所以，成人不要以自己的乐趣标准否定孩子的情绪感受、剥夺孩子感受快乐的权利。记住，作为父母，我们一定不要简单粗暴地对待孩子，更不要不由分说地否定和批评孩子。唯有理解孩子的感受，帮助孩子缓解不良情绪，才能疏导孩子的内心，让孩子健康快乐地成长。

第 5 章

别武断下定论，给孩子自我表达的机会

在孩子表达的时候，父母不要对孩子下定论，而应该有足够的耐心，给予孩子机会去自由表达。孩子正处于成长的关键时期，很多方面的品质都不稳定，对于人生也缺乏经验。孩子的成长需要过程，父母对于孩子要有耐心。尤其是在表达方面，所谓言为心声，孩子只有内心成熟，表达才会顺畅，因此，父母要想提升孩子的语言表达能力，要想自己能把话说到孩子的心里去，就要等待孩子内心成熟。

重视孩子的表达

很多父母因为忙碌，总是无形中轻视孩子的表达，对于孩子的表达完全不放在心上。有些父母还会因为忙碌而对孩子感到厌烦，或者想办法把孩子应付过去。实际上，父母要想了解孩子的内心，就要耐心倾听孩子，就要把孩子的表达放在心上。也唯有如此，父母才能在了解孩子的基础上把话说到孩子的心里去，才能有效地增进亲子感情、拉近亲子关系。

人活着总是忙忙碌碌，有哪一天能够完全闲下来、只倾听孩子呢？现代社会，很多孩子总是做出决绝的举动，而父母对于孩子却完全不了解，不得不说，这就是父母的失职。例如，有极少数孩子患有严重的抑郁症，而父母对此却浑然不知，直到孩子做出决绝的举动，父母才恍然大悟，才懊悔不已，可惜为时晚矣。所以，不管是对于年幼的孩子，还是对于情绪敏感的青少年，父母都要更加重视孩子的表达、关注孩子的内心，唯有如此，父母才能时刻洞察和关注孩子的心理，才能把握孩子成长的节奏。

下班之后，妈妈去接幼儿园接小玉。小玉一看到妈妈，就开始叽叽喳喳地说幼儿园里发生的趣事："妈妈，甜甜今天玩滑梯的时候特别大胆，她还从滑梯前面往上爬呢！妈妈，我们今天中午吃糖醋排骨，糖醋排骨特别好吃，甜甜的，还有西红柿炒鸡蛋，也是酸酸甜甜的。"妈妈正想着工作上的事情呢，因而漫不经心地敷衍小玉。小玉还告诉妈妈："妈妈，今天毛老师穿的裙子特别漂亮，长长的，就像孔雀的尾巴……"

小玉不停地说着，妈妈最终感到厌烦，突然呵斥小玉："好了，别说了！你就像是个聒噪的青蛙，总是不停地说啊说啊，说得人烦死了。你能不能安静一会儿？我天天工作就够累的了，你还烦人。"妈妈话音还没落，小玉的眼泪就流出来了，看着小玉眼睛里含着泪水，妈妈感到很心疼："小玉，别哭了，妈妈不是故意的。你说吧说吧，妈妈认真听，好不好？"小玉破涕为笑，又开始真诚地对妈妈倾诉。

很多父母都不会调整情绪，尤其是在工作上遭遇困境的时候，他们只会把负面情绪发泄到孩子身上，而不能及时调整情绪，心情愉悦地对待孩子。不可否认，父母有的时候真的很忙，不但要处理好工作上的事情，还要兼顾家庭和孩子，常常手忙脚乱、无从应对。作为父母，我们在情绪不佳的时候，可以直截了当告诉孩子："请等一等，妈妈再有五分钟就可以听你说话。"这样一来，相信孩子会耐心地等待。与其以负面情绪对待孩子，还不如这样积极地去调整，反而能够以好情绪对待孩子。

每一个负责任的父母，都知道孩子顺畅地表达情绪和情感有多么重要。感情就像是流水，总是要找到宣泄的途径，尤其是在很多复杂的情况下，人更应该学会发泄负面情绪。每一个负责任的父母，都不会阻止孩子表达心声。表达心声是孩子的天性，只有父母愿意倾听孩子表达，孩子的天性才能得到满足，他们的情感才会得到满足。父母需要注意的是，不管孩子到底想表达什么，都要给予足够的重视程度。和吃喝拉撒等基本需求相比，表达情感的欲望更重要，父母用心的倾听，会最大限度满足孩子的心理需求。尤其是在成长的过程中，孩子难免会有情绪激动的时候，这种情况下，父母一定要学会倾听孩子，这样才能在了解孩子内心的基础上把话说到孩子的心里去，让孩子从父母身上得到积极的正能量。

不要禁止孩子哭泣

有相当一部分父母只想看到笑靥如花的孩子，而一旦看到孩子哭泣，就会马上制止孩子："不要哭！不许哭！赶紧停止哭泣！"殊不知，这样的要求对于孩子而言是非常残忍的，孩子虽然小，却有自己的情绪和感受，也有表达情感的需求和能力。父母一味地禁止孩子哭泣，就像强行把孩子表达感情的阀门关闭，导致孩子无法找到正确的途径发泄情绪，从而因为情绪压抑产生各种心理疾病。

毋庸置疑，孩子只有在遭遇负面情绪困扰的时候，才会情不自禁地哭泣。作为父母，我们看到孩子需要发泄负面情绪时，千万不要简单粗暴地制止孩子发泄情绪，更不要以各种方式压抑孩子的情绪表达，而应该给予孩子合理宣泄情绪情感的途径，并鼓励孩子在心情郁闷的时候进行更为合理的表达。在孩子心目中，最信任的人就是父母，如果在父母这里不能得到支持和帮助，孩子必然更加郁郁寡欢、低沉失落。最为重要的是，如果孩子的情绪总是得不到发泄，他们还会产生各种负能量，导致心理扭曲、情绪不稳定，毫无疑问，这对于孩子的成长是更为不利的。

有一天，妈妈正在厨房里做饭，乐乐大喊大叫着从外面冲进来，一边跑一边喊道："我讨厌张宇，他再也不是我的好朋友了！"妈妈正准备问问乐乐到底是怎么回事，乐乐已经冲到自己的房间里了。看到乐乐情绪冲动的样子，妈妈原本想去询问乐乐到底发生了什么事情，但是转念一想：孩子大了，有心事了，就让他自己消化吧！

一直到吃晚饭的时间，乐乐才从卧室里出来，他的眼睛红红的，似乎哭过了。妈妈耐心询问乐乐："乐乐，今天怎么了？和张宇闹别扭了吗？"乐乐点点头，眼泪簌簌而下："我想当班长，班级里今天组织投票，他却把票投给了别人，我再也不当他是好朋友了。"妈妈安抚乐乐："哦，原来是这样。你想当班长，一定是为了给班级同学服务，对不对？"乐乐点点头。妈妈没有让乐乐擦眼泪，她就像没有看到乐乐的眼泪一样，这样一来，乐乐反而更自在，也不觉得哭泣是丢人的事情。妈妈继续对乐乐说："乐乐，我能理解你的心情。不过，当班长也是需要能力的，我觉得，是不是因为张宇觉得你某个方面的能力不够，所以把票给了更适合当班长的人？"乐乐冲动地喊道："我就是适合当班长的人啊！"妈妈说："每个人对于班长的理解都是不同的。也许，张宇和你对于班长的标准就不一样。你要是觉得心里难受，可以哭一哭，不过哭过之后还要继续努力，这样，当你具备当班长的能力时，就会得到更多的选票，好吗？说不定现在大家选的班长没有那么完美，你也有可能在下一次班委选举中胜出呢！"

就这样，在妈妈的安抚下，乐乐的情绪恢复平静。吃完美味的晚餐，乐乐对妈妈说："妈妈，我觉得你说得很对，我应该继续努力，再接再厉，也许在同学们心中我还不足以成为合格的班长！"妈妈由衷地对乐乐竖起大拇指。

　　很多人都认为爱哭的孩子性格软弱，因此，每当看到孩子哭泣，他们就会情不自禁地训斥孩子，喝令孩子当即停止哭泣，这有很大一部分原因是怕孩子给自己丢脸。实际上，孩子之所以哭泣，是因为他们内心产生了负面情绪，在负面情绪的驱使下，他们才情不自禁地哭泣。哭，作为孩子的情绪表达方式之一，对于孩子身心健康成长有很重要的意义。作为父母，我们一定不要压抑孩子的情绪表达，而应该引导孩子更好地表达情绪，这样孩子才能身心健康地成长。有的时候，如果觉得孩子的情绪太过激烈，父母还可以引导孩子转移注意力，让孩子做喜欢做的事情，从而给情绪恢复争取更多的时间。在亲子关系中，情绪情感的沟通是至关重要的亲子沟通方式，孩子必须与父母之间进行有效的沟通和到位的情绪表达，才能与父母建立深厚的感情和稳固的关系。如果在沟通过程中把语言和情绪情感相剥离，只会导致亲子关系破裂、亲子矛盾越发严重。因而，父母一定允许孩子表达自己的情绪情感，从而让亲子沟通进入良性循环之中。此外，父母还要对孩子的情绪情感表达进行积极的回应，这样，孩子才会更加乐于表现自己的情感，让内心的情绪河流顺畅地流淌。

给孩子表达的机会

在很多传统的家庭里，父母尽管爱孩子，但是从内心深处而言，并没有把孩子当成平等的对象去对待。很多父母在商议家里的事情时，总是不允许孩子发表见解，甚至，当孩子主动地发表意见时，父母也会喝令孩子"闭嘴"。殊不知，看似简简单单的两个字，会对孩子的内心造成严重的创伤当看到父母不管做什么事情都无视自己的意见，或者根本不允许自己发表意见时，孩子难免会产生人微言轻的想法，乃至从内心感到自卑、无助。

这样的家庭相处模式，都是因为父母有着封建传统的思想，觉得孩子还小、根本不懂事，因而不允许孩子参与家庭事务，也不允许孩子参与父母的交谈。有些父母在看到孩子插嘴成人的沟通时，还会认为孩子没礼貌，实际上，有相当一部分孩子之所以总是插嘴成人的沟通，就是因为他们无法从正当的渠道得到表达的机会。从促进孩子成长的角度而言，孩子积极主动地参与父母的交谈，有利于发展孩子的思维、促进孩子思考。父母如果能积极地倾听孩子的意见，则有助于提升孩子的小主人翁意识，让孩子更加独立有主见。很多父母都羡慕别人家的孩子非常独立自强，却没有想到，每一个独立自强的孩子背后，都有尊重他们且重视他们表达的父母。

明智的父母，非但不会拒绝让孩子表达的机会，反而让主动创造机会让孩子表达。在遇到家里有重要的事情需要沟通时，尽管孩子小，父母也会征求孩子的意见。一开始，孩子也许不知道如何表达，或者说出来的意见也并不值得采纳，但随着参与家庭会议的次数增多，孩子的思维渐渐发展，说出来的意见也会更加中肯。渐渐地，孩子独立思考的能力就会增强，会更加积极地参与家庭事务，也能够在很多场合里都把自己当成独立的人，理智地说出自己的想法。

家里新买的房子要装修，妈妈征求乐乐的意见："乐乐，你对于装修有什么建议吗？尤其是对你的房间，你可以自己做主。对于家里公共区域的房子，你也可以提出合理的建议。"得到妈妈的询问，乐乐非常高兴，说："妈妈，我可以设计自己的房间吗？"妈妈点点头，说："当然。"乐乐兴致勃勃，立即拿出画笔和白纸，开始当一个小小的设计家。

整个晚上乐乐都在伏案疾书，次日，乐乐高兴地拿出自己的设计稿来给妈妈看，对妈妈说："妈妈，这是我的设计方案，你快看看。"妈妈眼前一亮，兴奋地说："你太厉害了，乐乐，简直就是小小设计家啊！"说完，妈妈接过乐乐的设计方案，认真地看起来。后来，妈妈对于乐乐设计方案中不合理的地方提出了合理建议，乐乐也综合妈妈的建议进行了调整和修改。后来，妈妈果然按照乐乐的设计方案装修乐乐的房间，乐乐非常有成就感。

事例中，乐乐之所以能够给出综合设计方案，就是因为妈妈平日里就主动对乐乐进行引导和启发。对于乐乐而言，能够亲自设计自己的房间，当然是一种荣幸，尤其是得到妈妈的信任，更是让乐乐感到发自内心地自豪和喜悦。实际上，明智的父母都应该和乐乐妈妈一样，没有机会也要创造机会让孩子主动表达，有机会的时候更要尊重孩子的意见和建议，给予孩子畅所欲言的机会。孩子一开始说不好没关系，因为每个孩子都是从不会到会、渐渐地学习，逐步提升和完善自己各个方面的能力的。父母的尊重，是对孩子最好的鼓励，是给予孩子力量的源泉。

沟通，是人际交往的桥梁。人与人之间，唯有合理顺畅地沟通，才能加深了解，才能建立良好的关系。孩子虽然小，也是通过沟通来了解他人的。从这个角度而言，也可以说沟通是孩子了解外界、表达自我的主要途径。作为父母，我们要有意识地引导孩子自由地表达，若一味地压制孩子的表达欲望，只会让孩子感到非常痛苦，甚至在长大成人之后也因此而受到负面影响，遭遇人际沟通的障碍。父母要记住，孩子一开始说得不好没关系，最重要是鼓励孩子继续勇敢地说下去。孩子只要敢说、乐于去说，表达能力就会渐渐提升，最终也能做到和他人顺畅沟通、建立良好的人际关系。

允许孩子把话说完

亲子关系中，孩子虽然得到了父母的爱，实际上却处于弱势地位。这是因为大多数父母都没有耐心倾听孩子，更无法等待孩子完整地表达完自己的想法和态度、情绪感受。这是为什么呢？因为很多父母都对孩子怀着先入为主的态度，觉得孩子心智发育不够成熟、人生经验不足，所以说出来的话一定全无道理。实际上，这是错误的观念。孩子虽然小，但也有自己的思想意识，年幼的孩子在两三岁前后，自我意识就不断增强，更何况是青春期孩子呢？父母要想与孩子建立良好的亲子关系，一定要尊重孩子，这样才能得到孩子的尊重。而允许孩子把话说完，就是对孩子最基本的尊重。

孩子的思维能力正处于发展过程中，所谓言为心声，说明孩子的思维能力与表达能力是密切相关的。很多父母因为心急而打断孩子的表达，却没想到这同时中断了孩子的思考。孩子思维总是被中断，长此以往，思维能力就会渐渐地受到影响，以致无法完整地表达自己的所思所想，表达能力和人际沟通都受到不同程度的影响。

每天放学后回到家里，乐乐尽管已经是少年，却依然迫不及待地想要告诉妈妈自己一天的校园生活。今天乐乐显得很兴奋，因而对着妈妈滔滔不绝："妈妈，我今天得到了老师的表扬。因为我在语文课上表现非常好，积极踊跃地回答问题，所以老师当着全班同学的面说，'大家都要向乐乐同学学习，虽然乐乐此前因为骨折一个多学期都没有上课，但是学习上丝毫没有落后，甚至比那些天天上课的同学表现更好。'"乐乐说完之后期待地看着妈妈，妈妈正在忙着做饭，似乎对乐乐的话没有听真切。为此，乐乐再次提醒妈妈："妈妈，我是不是很值得表扬呢？"妈妈敷衍道："的确，今天表现还不错，不过你现在的任务是去完成作业，然后才能按时吃饭。"

听到妈妈的话，乐乐脸上的神采明显黯淡下来，他噘着嘴巴失落地去写作业，满脸都是不高兴。妈妈感受到乐乐的沉默和失落，因而赶紧对乐乐说："乐乐，你的确非常棒，妈妈为你骄傲。不过学习是个循序渐进的过程，一时的成功和失败都不代表什么，你要更加积极努力，才能始终保持进步。"乐乐还是一脸的不高兴，妈妈只好放下手里的活儿，真诚地询问乐乐："乐

乐，老师提问你什么问题了？你是如何回答的？”乐乐这才兴致
勃勃地告诉妈妈：“老师提问，人从贫穷的生活中能够得到怎样
的养料，我与你、爸爸曾经讨论过这个问题，所以我回答，‘贫
穷可以为生活提供养分，让人拥有不屈服于苦难的精神，让人在
面对生活的磨难时能够百折不挠、勇往直前。’”妈妈很惊喜：
“你的回答非常厉害啊，老师一定大力表扬你了吧！”乐乐自豪
地点头：“当然，老师说我的回答很有深度，也很有条理。”妈
妈由衷地赞扬乐乐：“乐乐，以后还是要多思考，这样，在遇到
很多问题的时候，才能回答得井井有条，也有深度，对不对？”
乐乐点点头，脸上绽放出笑容。

　　在这个事例中，乐乐之所以感到不高兴，是因为他的话还
没有说完，妈妈就催促他去写作业，也因为妈妈没有给予他期
望的肯定和赞扬。后来，妈妈意识到问题所在，当即对乐乐表
示赞许，乐乐这才转忧为喜，对于妈妈耐心的询问积极回答，
对于妈妈的赞扬感到高兴。在成长的过程中，因为自我认识能
力不足，也因为对父母的信任，所以孩子最在乎的就是父母的
评价。作为父母，面对孩子点点滴滴的进步，我们都要表示认
可，也要对孩子的优秀表现表示赞许，这样才能满足孩子的心
理需求，有利于孩子的成长。

　　作为父母，在孩子积极倾诉的时候，我们不管是正忙于自己

的工作或者手里的家务活，还是急于催促孩子去完成学习上的任务，都要有耐心，给予孩子时间把该说的话说完，并积极地回应孩子、鼓励孩子、表扬孩子。父母要认识到，孩子之所以积极地向父母倾诉，目的就在于通过表达得到父母的理解和认可，假如父母粗暴地打断孩子的表达，孩子就无法实现预期的目的，不但思维和表达被打断，心理需求也得不到满足。

允许孩子拒绝父母的安排

很多父母在处理亲子关系时都会进入一个误区，即觉得孩子还小，智力发育不够成熟，也缺乏人生经验，为此，总是强制安排孩子的人生。当与孩子意见产生分歧的时候，父母还会强制要求孩子必须听从父母的意见，这对于孩子来说当然是不公平的。父母对于孩子不要采取强权主义，而要允许孩子拒绝自己。

当然，对于父母而言，如果孩子言听计从，父母管教孩子会更加方便。但是从长远角度来看，如果孩子没有独立的见识，那么，当他长大成人之后无法得到父母的全面安排时，就会在人生中遭遇困境，无法应对人生。所以明智的父母不会要求孩子对于父母言听计从，而是允许孩子有自己的思想和主见，在孩子拒绝父母的安排时，也会尊重孩子的意见，理性分析孩子的方案是否可行。唯有如此循序渐进地提升孩子的独立思考能力，孩子的自理能力才会越来越强，独立能力才会逐渐加强。

趁着周末，妈妈带着甜甜去买换季的衣服。甜甜最喜欢穿裙子，所以妈妈计划为甜甜选购几条裙子。到了商场，妈妈挑选了几条裙子让甜甜试一试，在这几条裙子里，妈妈尤其喜欢一条灰色带红色花朵的裙子，看起来时尚大方、非常洋气。然而，甜甜对妈妈选中的裙子并不喜欢，而是自己选择了一条粉色的裙子。这件裙子有好几层纱，看起来非常漂亮。妈妈担心这件裙子穿起来太热，但是甜甜对此不以为然："妈妈，我不会热的，我喜欢这件裙子。"妈妈坚持让甜甜试穿那条灰色的裙子，甜甜却总是拒绝，无奈，妈妈只好强制甜甜试穿裙子。甜甜生气地扭动身体，挥动手臂，拒绝妈妈。

后来，虽然妈妈买了那条灰色的裙子，但是甜甜始终拒绝穿它。每次妈妈拿出那条裙子，甜甜就很生气，爸爸看到妈妈和甜甜为了裙子争执，询问妈妈："你不是带着她去买裙子的吗？为何还买回来一件她拒绝穿的裙子呢？"妈妈也很郁闷："我喜欢这件裙子，我以为，她当时不喜欢，买回来之后就会喜欢，谁想到她这么固执呢！"爸爸笑起来，说："你呀，以后要学会尊重孩子的意见啦！"

允许孩子拒绝，允许孩子说不，是对孩子最基本的尊重。很多父母都希望孩子非常听话，对父母言听计从，这实际上是错误的。教育的标准和目的并非让孩子听话，而是让孩子有自己的主见、有自己的思想，这样孩子才能成为独立自主的人，才有能力面对人生，支撑起属于自己的一片天空。

在亲子关系中，常常存在不合理的情况，即父母总是要求孩子听话，却从来不能耐心听孩子的倾诉，更无法真正做到尊重孩子的意见和建议。平等对待孩子，绝不应该作为一个口号被提起，父母应该调整好心态，真正从自我做起，尊重和平等对待孩子，从而得到孩子的尊重和信赖，让亲子教育顺利展开和进行下去。

细心的父母会发现，两三岁孩子的自我意识逐渐增强，开始学会拒绝和坚持。对于孩子的成长而言，自我意识敏感期是至关重要的，在这个阶段，父母一定要保护孩子的自我意识，支持孩子发展独立的思想意识和观点，这样孩子才能更加独立自主，在遇到很多事情的时候能发挥主观能动性，成功地为自己做主、为自己代言。从另一个角度而言，人无完人，金无足赤，父母虽然是成人，心智发育成熟，生活经验丰富，但是这并不意味着父母就是绝对正确的。尤其是很多父母对待孩子总是先入为主，从主观角度出发对待孩子，而并不能了解孩子的真实内心状态和心理需求。这样一来，父母对孩子的揣测当然无法满足孩子的需求。唯有客观公正地认知和了解孩子，才能更加贴近孩子的真实需求，才能给出孩子合理的建议和指导。所以，作为父母，我们再也不要因为自以为是而强求孩子必须听从我们的建议，而应怀着宽容的态度接纳孩子的不同意见，并最大限度打开心扉理解孩子，尊重和平等对待孩子。

允许孩子发表自己的见解

当亲子之间爆发矛盾和冲突的时候，很多强权父母总是强制要求孩子必须听从父母的建议，而不允许孩子发出不同的声音，更不允许孩子表达自己的观点。不得不说，这样的强制管教行为，对于孩子的健康成长是没有好处的，因为父母的强迫只会导致孩子成长的空间越来越小，思维也受到禁锢，可想而知，孩子失去自由将会如何。

每一个父母都望子成龙、望女成凤，既然如此，我们就要给予孩子更大的空间。所谓海阔凭鱼跃，天高任鸟飞，对于孩子而言，爱与自由是最好的成长养料，父母在抚养孩子成长的过程中，也要给予孩子更多的爱和自由，也要以爱与自由为孩子营造良好的成长环境。

在亲子沟通中，给孩子自由的表现，就是允许孩子争辩。很多父母总是要求孩子必须完全听从父母的建议，这是错误的。尤其是当亲子之间发生矛盾和争执的时候，父母更是要尊重孩子，给孩子发表见解的自由。很多父母因为传统教育观念的影响，对于孩子总是保持高姿态，觉得孩子就必须听从父母的，因而总是对孩子采取高压政策。殊不知，孩子尽管因着父母来到这个世界上，但是并非父母的附属品，也不是父母的私有物。父母可以助力孩子的人生，却不能完全代替孩子、安排孩子的人生。只有孩子自己，才是其人生的主人，才能主宰自己的命运、成就自己的人生。父母养育了孩子，并不意味着父母就有权利安排孩子的一切，当孩子有了自己的思想，父母还要鼓励孩子保持积极的思想、活跃的态度，这样，在一次又一次的争辩之中，孩子的思想极度活跃，思想越来越成熟，孩子也就具备了独立思考的能力。

眼看着暑假就要到来，妈妈准备给乐乐报名参加英语补习班和数学补习班。对此，爸爸建议妈妈："你最好先和乐乐商量一下，省得他心生抵触，闹得彼此都不愉快。你也知道乐乐的脾气，他必须愿意配合，才能起到良好的效果，否则不但白花钱，还会惹得大家都生气。"妈妈觉得爸爸说得很有道理，便找了一个合适的时间和乐乐进行了沟通。

妈妈对乐乐说："乐乐，你最近的学习任务越来越重，有没有觉得学习上吃力呢？"乐乐点点头，说："有的时候，老师讲比较难的题目，我会感到很吃力。"妈妈问："那么趁着暑假，你愿不愿意补课呢？妈妈想给你报名参加几个培训班，帮你补习英语和数学，你觉得如何？"乐乐很高兴地说："嗯，可以，我也正想让你帮我报名补习呢！我们班级里很多孩子都参加补习班，我如果不参加，就落后了。"妈妈听到乐乐同意，才开始和乐乐具体协商参加哪几门补习班的课程。就这样，报名参加补习班的事得到圆满解决。到了暑假，乐乐每天开开心心参加补习班，学习上也取得了突飞猛进的发展和进步。

很多父母都因为孩子顶撞而烦恼，却不知道，给孩子冠以"顶撞"的大帽子，就是在不公平地对待孩子。孩子根本不存在所谓的顶撞，只是在表达自己的想法，正因为不允许孩子表达心声，父母才会说孩子是在顶撞。换而言之，如果将父母与孩子换成两个平等的成人，那么这之间还存在顶撞吗？也许就是平等的商议。从这个角度而言，父母首先要调整好心态，真正尊重和平等对待孩子，才能在与孩子沟通的过程中保持良好的沟通氛围，取得良好的沟通效果。

父母不要总是过于在乎所谓的"权威"，孩子对于父母只要做到尊重即可，而无须盲目迷信和服从。当孩子争辩的时候，父母要因为孩子有自己的思想和主见而感到高兴，而不要一味地压制孩子，更不要强迫孩子必须听从父母的安排和建议。记住，父母即使再爱孩子，也不可能陪伴孩子度过漫长的一生，明智的父母会在孩子还小时就循序渐进地引导孩子，帮助孩子形成思考能力、独立处理问题的能力，从而让孩子成功创造属于自己的人生。

允许孩子表达自己的思想和见解，就要允许孩子争辩，也给予孩子争辩的机会。父母切勿以所谓的权威压制孩子，而应创造机会让孩子积极地表达自己的观点，并努力说服父母接受他们的观点。唯有如此，孩子的思维能力、解决问题的能力才会得以提升，孩子才能在争辩的过程中形成思辨的精神，养成良好的独立习惯。

第 6 章

不是孩子不听话，可能是你不会表达

　　很多父母都因为孩子不听话而烦恼，殊不知，很多时候并非孩子不听话，而是父母不会表达。假如父母能够站在孩子的角度思考问题，换一种方式与孩子沟通，把话说到孩子的心里去，就能在沟通方面起到事半功倍的效果。也许有些父母会说："我怎么不会表达呢？"的确，大多数父母都认为，自己生养了孩子，一定了解孩子的内心，也知道孩子的脾气秉性，所以，轻轻松松就能搞定孩子。实际上，孩子正在不断地成长，心理渐渐成熟，自我意识越来越强，因而越来越想摆脱父母的束缚。作为父母，我们一定要顺应孩子的天性，尊重孩子，这样才能与时俱进地陪伴孩子，并助力孩子的成长。

语气对于沟通也很重要

对于沟通，很多人都存在误解——对于沟通而言，最重要的是说话的内容和方式。实际上，语气对于沟通也起到至关重要的作用，有的时候，同样的话采用不同的语气说出来，往往会起到不同的效果。孩子的自尊心非常敏锐，感情细腻，因此，父母在与孩子沟通的时候，一定要采取合适的语气，让语言表达恰如其分。

如何让孩子更听话？很多父母为此烦恼不已，也有相当一部分父母长期致力于寻求解决的方法。而实际上，让孩子听话并不应该作为教育的目标之一，因为，听话的孩子也许在小时候对父母言听计从，让父母很省心，而随着孩子渐渐长大，父母无法照顾和保护孩子一辈子，当孩子不得不独立面对生活时，等待着他们的必然是命运的残酷和现实的无奈。所以，父母不要把让孩子听话作为目标之一，而应意识到，对于孩子的成长而言，听话并非一件好事情。明智的父母会有意识地提升孩子的独立思考能力，所以他们不强求孩子听话，而是会激励孩子独立思考，也鼓励孩子与父母进行争辩。唯有如此，在循序渐进的过程中，孩子才能不断成长和成熟起来。

　　周末的早晨，刚刚起床的乐乐睡眼惺忪地来到妈妈面前，说："妈妈，昨天我们学校里有一件很有趣的事情……"说着，乐乐似乎陷入思考，停顿下来。妈妈有些着急，说："说！赶紧说！"乐乐马上听出妈妈的语气不对，停止说话，瞪大眼睛看着妈妈。妈妈觉察到乐乐情绪变化，装作若无其事的样子对乐乐说："怎么了，说啊！"乐乐嘟着嘴，眼睛里含着泪水："你什么语气啊？"妈妈自知理亏，笑起来："我没有什么语气啊，我只是着急做饭给你吃，你要快点儿说，我才好给你做饭。"看到妈妈语气缓和下来，乐乐才继续表达。

　　对于孩子的表达，父母要有耐心，这样才能保护孩子表达的热情，从而帮助孩子更加主动与父母沟通。很多父母认为孩子小，心思不够细腻，因而对于孩子的情绪感受也就没有那么关注。其实，孩子尽管小，也有自己的思想意识、态度观念，也希望得到父母的认可。作为父母，在和孩子说话的时候，我们不但要关注孩子的行为表现，也要关注孩子的情绪。唯有以恰当的语气和孩子交流，孩子才会更愿意听父母的话，并采纳父母的建议。

　　还有些父母，在批评孩子的时候，也不讲究方式与语气。常言道，会说的人说得人笑，不会说的人说得人跳。哪怕孩子犯错，父母也不能肆无忌惮地批评孩子。归根结底，批评的目的是让孩子自我反省、改正错误，如果父母总是对孩子居高临下、颐指气使，孩子非但不会主动反省，反而会对父母产生逆反心理，导致事情的发展更加糟糕。因此，当感到孩子不听话的时候，不如尝试着改变语气与孩子交流，这样才能最大限度把话说到孩子心里去，让孩子从被动听话或者抗拒听话转化为主动听话，并让家庭教育起到最佳的效果。

爱要大声说出来

在传统的教育观念中，父母对于孩子的爱，总是以严厉管教的方式表现出来，尤其是在那些封建大家庭里，家教规矩是非常严格的，晚辈一旦犯了错误，就要接受家法的惩罚，没有人能够违背家法做人做事。当然，这并不是说封建家庭的严格家法都是弊端，从某种意义上而言，家法对于管教家庭成员有一定好处。不过，家法过于严格也会有很大的缺点，尤其是在现代社会，教育理念主张对孩子开展赏识教育，而且，从心理学的角度来说，父母的爱对于孩子的成长也起到重要的作用，因而父母一定要爱孩子，也要勇敢表达对孩子的爱。正如一首歌里所说的，爱要大声说出来。随着孩子渐渐长大，很多父母都把对孩子的爱隐藏在心底，而只对孩子表现出严格的教育。实际上，父母对于孩子应该恩威并施、严宽并济，唯有在该对孩子严格的时候对孩子严格、该对孩子柔软的时候柔软，才能适度引导孩子和教育孩子，并有利于孩子身心健康地成长。

　　亲子关系也是普通人际关系的一种，也符合人际关系的要求，那就是相互尊重和理解，真正做到平等相处。作为父母，我们在亲子关系中起到主导作用，更应该大胆表达对于孩子的爱，以爱保卫和环绕孩子，从而让孩子感受到父母深沉的爱，感受到家庭温暖的环境。也许有些父母会说，"每天和孩子朝夕相处，怎么对孩子说爱啊，也不好意思拥抱、亲吻孩子，尤其是当孩子长大了之后"。这是因为父母受到传统思想的影响，不好意思直接对孩子表达爱、做出充满爱意的动作。在西方国家，人与人之间感情的表达更加自然，出乎本能，而且很随意。例如，夫妻之间、亲子之间，随时都可以相互拥抱、相互亲吻，以表达内心深处的感情。其实，对于孩子而言，他们的理解能力有限，感知能力也不足，为此很多孩子都无法感知到父母隐晦羞涩的爱。作为父母，为了增进亲子感情，加深亲子关系，我们一定要最大限度满足孩子的情感需求，把对于孩子的爱勇敢地表达出来。

　　豪杰已经15岁了，长得比妈妈还高，是个不折不扣的大男孩。这天，正值豪杰生日，从豪杰出生开始就在外地打工、只有逢年过节才回家几天的父母，特意赶回家，要给豪杰过个正经生日。豪杰看到爸爸妈妈回来喜出望外，过了一个完美的生日之后，夜晚，豪杰准备入睡之前，跑到爸爸妈妈的房间里，依靠在爸爸妈妈身边，对爸爸妈妈说："爸爸妈妈，我爱你们。你们也爱我吗？"听到豪杰的话，木讷寡言的爸爸羞红了脸，妈妈则嗔怪豪杰："你这个孩子多大了，还这么黏人，还爱不爱的，多么肉麻啊！爸爸妈妈对你好不好，你还不知道么？要不是为了你，我们何必这么多年都在外面辛苦地奔波和忙碌呢？快去睡觉吧，明天还要早起上学呢！"豪杰脸上明显露出失望的神情，落寞地回自己的房间睡觉去了。

事例中这样的情形，相信在很多家庭里都曾经发生过。对于豪杰而言，他只是想听到父母亲口对他表达爱；而对于父母而言，他们羞于对已经人高马大的孩子说爱。为此，父母才会回避豪杰的问题，也没有给出豪杰理想的回答。实际上，孩子的内心是柔软而又敏感的。大多数父母可以对襁褓中的孩子表达爱意，而不愿意对渐渐长大的孩子说爱。对于孩子而言，他们非常信任父母，也把与父母的相处看得至关重要，因而父母对于爱的表达对他们来说至关重要。所以明智的父母不会羞于对孩子表达爱，也不会拒绝孩子对父母表达爱。

当得到孩子爱的表达时，父母一定不要回避，也不要故意

用各种冷漠的语言来掩饰内心对于孩子的爱，否则，孩子若无
法辨别父母的真心真意，就会因为爱的缺失而陷入感情的荒
漠。在这个方面，我们不妨学习一下西方国家的习惯，即父母
随时随地都可以自然地对孩子表达感情。诸如温暖的拥抱、热
情的亲吻，以及爱的语言等，都可以让孩子感受到父母的爱
意，也可以给孩子带来安全感，更可以教会孩子如何爱他人。

还有些父母，在接到孩子传达的爱意时，总是感到很羞
涩。实际上，孩子只需要父母真诚的回应而已，可以是一个热切
的眼神，可以是一个拥抱，也可以拍拍孩子的肩膀。当然，最好
的方式是直接回应孩子，诸如告诉孩子"宝贝，我也爱你""宝
贝，让妈妈抱你一下""宝贝，你是爸爸妈妈在这个世界上最重
要的人"等。这样的语言可以给孩子力量，让孩子加深对于父母
的爱，与父母建立良好亲密的关系，也有助于增进亲子感情。

多多赞赏和激励孩子

当新生儿呱呱坠地的那一刻，大多数父母的心中都充满
感激，感谢上帝赐予自己这么完美可爱的小人儿。然而，随着
孩子渐渐长大，父母对于孩子的期望越来越高，他们不但希望

孩子能够健康快乐，更希望孩子在学习方面有更好的表现，也希望孩子将来能够出类拔萃、拥有成功的人生。在这种思想的影响下，父母对孩子的要求越来越多，所谓望子成龙、望女成凤，成为大多数父母心态的真实写照。然而，父母也会发现，孩子越来越不完美，这才恍然大悟，原来那个完美的生命只是父母一厢情愿的想象。对于每一个父母而言，最大的挑战就是他们不得不接受孩子随着渐渐成长表现出来的各种缺点和不足，他们也必须认识到每个孩子都不是完美的，甚至存在巨大的缺陷。那么，父母又该如何对待孩子呢？

不要觉得孩子一定要达到父母的期望，可以说，大多数孩子都无法达到父母过高的期望，只有少数孩子可以达到父母的预期，让父母满意。作为父母，我们本身也不是绝对完美的，又有什么理由苛求孩子一定要完美呢？如果父母不能端正心态，就会常常对孩子感到不满意。作为父母，唯有端正心态，真正做到接纳孩子的本来面目，也发自内心欣赏和尊重孩子，我们才能把孩子的点滴进步都看在眼里，才能及时地肯定和激励孩子，给予孩子赞赏的态度。孩子还小，心智没有发育成熟，对于人生的经验也很匮乏，有的时候，孩子缺乏客观认知自己的能力，往往需要通过父母对他们的评价来进行自我认知。从这个意义上来说，父母的认可对于孩子的成长至关重要，作为父母，我们一定不要随意否定和批评孩子，而要及时发现孩子的进步、从而激励孩子赞扬孩子，帮助孩子客观认知自我，让孩子正确定位和评价自己。

很多父母因为担心孩子会骄傲，所以不愿意表扬孩子。殊不知，孩子内心深处最在乎的人就是父母如果他们非常努力，却始终无法得到父母的认可，那么他们就会颓废沮丧、成长乏力。明智的父母会及时发现孩子的进步，认可孩子小小的成功，从而抓住机会激励孩子，让孩子迸发出更强大的力量。还有些父母在看到孩子因为小成就而沾沾自喜时还会打击孩子，"别骄傲，距离第一名还远着呢"，这样的话无疑会严重打击孩子的自信心，也会导致孩子的内心失去希望和目标。尤其是当父母对于孩子说出冷漠的话时，不但会打消孩子的积极性，也会导致孩子在感情上非常冷漠。

泽泽的数学成绩一直不好，考试不是中下游水平，就是倒数。为此，父母很为泽泽的数学学习而发愁。又到了期中考试，爸爸妈妈知道泽泽的数学成绩是软肋，但是他们这次不想和往常一样批评泽泽的数学成绩，而是想赞扬泽泽。

在看到成绩单之后，爸爸妈妈发现泽泽的语文成绩有很大进步，而数学成绩则有很大退步。为此，爸爸妈妈决定避重就轻，妈妈拿着成绩单高兴地说："泽泽，你的语文成绩有很大进步啊！"泽泽有些消沉，说："但是，数学成绩还是不好。"爸爸接茬道："其实和数学成绩相比，提高语文成绩更难。你既然能把语文成绩提高，充分说明了你的学习能力很强，要知道，写作文、完成阅读理解，可比做数学题目难得多。只要再接再厉，把学习语文的劲头用到学习数学上，爸爸妈妈相信你的数学成绩也会很快提高。"为了减轻给泽泽的压力，妈妈也说："就算数学成绩不提高也没关系，毕竟每个人所擅长的学科不一样。只要你尽力而为，爸爸妈妈绝不会责怪你！"看到爸爸妈妈的态度，泽泽感到很高兴，也提振信心，他当即拍着胸脯对爸爸妈妈保证："爸爸妈妈放心吧，我一定会非常努力，绝不放弃数学学习。"

在这个事例中，爸爸妈妈都深谙赞赏和批评的艺术，所以他们在发现即使批评也无法提升泽泽的数学成绩后，当即决定改批评为表扬，尽量赞赏泽泽进步的地方。果然，泽泽在得到爸爸妈妈的表扬之后，马上信心十足，也愿意把学习语文的劲头用到数学上。

实际上，每个孩子都需要父母的赞赏，这是因为孩子对于自己认知不足，而父母又是他们最信赖的人，所以他们会借助于父母的评价客观认知自我，也会根据父母的评价调整自己、更加努力。由此一来，对于孩子的成长和发展当然是有很大好处的。记住，如果孩子有了小小的成绩来向父母报喜，父母一定不要为了避免孩子骄傲而故意打击孩子、无视孩子的进步。要知道，父母的冷漠会让孩子的心情如同坐过山车一般起伏，也会给孩子的内心带来严重的打击。

作为父母，我们一定要意识到，父母的赞赏是孩子成长的动力。当然，所谓赞赏并非不合时宜地对孩子说"你很棒""你特别优秀""你是最厉害的"，这些泛泛而谈的赞赏语，只有形式，而没有实质性的内容。父母在赞赏孩子的时候要把话说得具体生动，这样才能对孩子起到真正的激励作用。此外，赞赏也要讲究时间和场合。抓住合适的时间，赞赏能起到积极的作用，如果时间不恰当，赞赏则会起到负面的作用。所以讲究赞赏的时机也很重要。曾经有人说，表扬孩子要当着众人的面，批评孩子则要在私底下的场合。因为孩子虽小，自尊心也很强烈，作为父母，我们一定要保护好孩子的自尊心，及时鼓励孩子，让孩子从内心深处迸发出生命的力量。

把你的原则告诉孩子

每个父母在养育孩子的时候，都有自己的原则。很多父母在教养孩子的过程中，都会陷入一个误区，即希望孩子能够对父母言听计从，凡事都听从父母的安排。的确，对于父母而言，一个有主见的孩子必然会给他们带来很多麻烦，但是，如果孩子毫无主见，凡事都听从父母的，则长大之后根本无法支撑起自己的人生。所以，面对孩子的固执，父母应该找到合适的沟通渠道去解决问题，与孩子达成一致，而不要总是强制孩子接受父母的意见。也许高压政策能够暂时让孩子妥协，但实际上这种方式只会导致孩子被动接受父母的安排和意见，对于维持和增进亲子感情则没有任何好处。

诸如"闭嘴，赶紧去做""你只能按照我说的去做""你没有资格反对"等话语，对于孩子稚嫩的心灵都是巨大的伤害，明智的父母一定要避免这么对孩子说话，尤其在与孩子产生意见分歧的时候，更是要说服孩子，让孩子真正心服口服，而不能一味地强求孩子，否则只会导致亲子关系恶化、亲子感情淡漠。

最近，班级里开始流行减肥，自称微胖界的琳琳也把减肥提上日程，因此突然对妈妈宣布："妈妈，以后我不吃早饭，也不吃晚饭。"妈妈当然不同意："你正在长身体的时候，学习任务还那么重，怎么可能不吃饭呢？"然而，琳琳坚决不吃饭。妈妈也表态："不吃饭就不要去上学！"然而，琳琳果真没有去上学，也坚持不吃饭，最终，在几次三番接到班主任老师的问询电话后，妈妈不得不缴械投降。

然而，正如妈妈所说的，琳琳正处于长身体的时候，不吃饭的恶果很快表现出来：胃疼。看着琳琳胃疼得蜷缩在床上，妈妈恨得咬牙切齿："让你减肥不吃饭，让你减肥不吃饭，这下子好了，身体出毛病了吧！"然而，琳琳还是坚持不吃饭。无奈，妈妈只好咨询营养师，为琳琳精心准备减肥食谱。但是，妈妈也和琳琳约法三章："你减肥我不反对，但是必须按照营养师推荐的营养餐进食，这样既可以减肥，也可以保证营养摄入，这是我的原则，不可改变。"琳琳尝到胃疼的滋味，也知道盲目节食是不可取的，因而只好答应妈妈的要求。

孩子大了，有了自己的思想和见识，所以对于生活中的很多事情未必都会听从父母的安排。就像事例中的琳琳，因为爱美，坚持减肥。为了保护琳琳的身体，拗不过琳琳的妈妈只好答应琳琳减肥的请求，同时咨询营养师，为琳琳制订健康的减肥食谱。

父母在发现孩子做出出格的举动时，一味地强求和压制，是无法改变孩子的心意的。最有效的方法，就是与孩子商量着解决问题，这样父母才能想出两全其美的解决方案，孩子才能心甘情愿接受父母的建议。当作出某一项决定或者要向孩子宣布某一个原则的时候，父母还要注意给孩子留出接受的时间。

现实生活中，很多父母与孩子发生冲突，抱怨孩子敬酒不吃吃罚酒，都是因为孩子有主见、不能全盘接受父母建议。作为父母，我们与其一味地强求孩子，不如给孩子思考的时间，让孩子心甘情愿接受父母的建议，这样才会收到更好的教育效果。在和孩子沟通的时候，父母也不要总是压制和强迫孩子，而是要采取委婉的语气与孩子沟通，诸如"我只是建议你，你可以自己作决定""如果你愿意，我可以和你一起解决问题""我希望你可以慎重考虑"等，与此类似的话都给予孩子回旋的余地，反而更容易让孩子接受。总而言之，父母要认识到一个现实：随着渐渐长大，孩子再也不是那个襁褓中时时处处都要依赖父母的小婴儿，父母唯有尊重和理解孩子，才能把话说到孩子的心里去，才能让孩子心甘情愿接受父母的建议，把事情妥善处理好。

把你担忧的事情告诉孩子

很多父母与孩子沟通的时候都不够真诚，他们并不愿意把自己担忧的事情告诉孩子，而只会一味地指责孩子不理解父母的苦衷，并抱怨孩子让他们失望，但是他们从来没有想一想：孩子是否理解他们的内心，是否知道他们的忧虑所在？人与人之间的相互尊重和体谅，一定要建立在相互理解的基础上，否则就是空谈。父母不要自以为了解孩子，也不要误以为孩子是父母肚子里的蛔虫。要想得到孩子的理解和体贴，父母首先要把自己的忧虑告诉孩子，并把孩子当成独立的生命个体去平等对待。尤其是对于稍微年长的孩子，父母还可以向其征求意见解决问题，虽然孩子的思路与成人不同，但是，也许恰恰是因为换了一个思路，问题反而会迎刃而解。

孩子理解和感知能力有限，面对父母的抱怨，他们常常感到莫名其妙："我怎么了？我没犯错误啊！"而父母也觉得很委屈，总是如同连珠炮一样指责孩子："我都快被你气死了，我早晚死在你手里，你能不能上点心，给我长点儿脸！"可惜，孩子此时完全不知所云，这一切都是因为父母对孩子的抱怨太过笼统，而不够详细具体。这有点儿类似于男人和女人之间的沟通。在家庭生活中，有的时候女人气得够呛，男人却丝毫不知道发生了什么。不管是女人与男人之间，还是父母与孩子之间，都要做到透彻地沟通，这样才能让很多问题都迎刃而解。

妈妈和爸爸离婚了，独自带着斯诺生活。原本妈妈以为，结束和爸爸之间的争吵后，终于可以和斯诺一起踏踏实实地生活。没想到，安稳日子才过了没多久，学校老师就打电话给妈妈，说斯诺把同学的头打破了，同学进了医院，还缝合了好几针。得到这个消息，妈妈简直如同遭遇晴天霹雳，她无论如何也想不通，原本老实本分的斯诺，为何突然变得这么暴力和顽劣。

妈妈赶紧向单位请假，奔赴医院。在医院里，妈妈向受伤同学及其家长道完歉，强忍着怒火把斯诺带回家，这才情绪崩溃地冲着斯诺喊道："你这个孩子是想把我气死吗？我一心一意都是为了你，我担心你跟着爸爸受罪，争取到你的抚养权，我宁愿搭上自己的下辈子不再结婚，也要把你抚养长大。你可倒好，你长本事了，还把同学打得都进入医院了，你到底是不是想把我弄死？我死了，看看谁管你！"斯诺也很激动，哭着喊道："你们都是为了我好？你们为了我好还离婚，是谁向我保证不离婚的，是谁让我安心学习的？偷偷摸摸就把离婚手续办了，我是什么，我在你们心里是什么？"听到斯诺的话，妈妈也愣住了。一直以来，妈妈都不想让离婚的事情影响斯诺，所以凡事都隐瞒斯诺，没想到还是给斯诺带来这么大的伤害。

很多父母离婚时都选择瞒着孩子，却不知道，孩子虽然小，却也有自己的思想。尤其是对于懂事的孩子而言，父母与其隐瞒孩子结束婚姻，不如循序渐进地让孩子接受父母离婚的事实，必要的时候还可以让孩子参与意见。这样一来，孩子才不会因为家庭的突然变故而导致内心受到创伤。此外，妈妈如果感到忧虑，也可以及时向孩子求助。要知道，孩子大了，同样可以为父母分忧解难。父母适当示弱，反而会得到孩子的理解，也可以得到孩子的支持。

大多数父母对待孩子的态度都很模糊，他们对孩子唯一的要求就是好好学习。试想，孩子也是家庭的一份子，他们怎么可能做到在家庭发生变故的时候依然两耳不闻窗外事呢？很多父母还认为家里的事情和孩子无关，实际上，家里大大小小的每一件事情都和孩子有着密不可分的关系，父母一定要真正尊重孩子，把事情全盘告诉孩子，从而让孩子参与家庭事务，主动帮忙解决问题。

很多父母误以为，向孩子示弱、把忧虑告诉孩子，会降低父母在孩子心目中的地位，且会让孩子缺乏安全感。其实不然。安全感未必是从波澜不惊的外部世界获得的，它更多地来自于孩子的内心。父母对孩子付出尊重和信任，也会得到孩子同样的回报，这样一来，亲子关系当然会更加和谐融洽，亲子感情也会更加深厚和真挚。

把你的期望告诉孩子

父母最大的希望就是孩子能够有所成就、拥有充实的人生，而实际上，孩子并不是十全十美、无所不能的，尤其是随着孩子渐渐长大，父母也会在孩子身上发现更多的缺点和不足。在进入幼儿园，尤其是进入一年级之前，父母尚且不会频繁地拿孩子与其他孩子作比较，而当进入一年级之后，每个班级里都有很多同龄的孩子，父母难免陷入比较的忧虑之中。特别是现在很多老师都会建立班级群，从而把很多关于孩子的消息发布到班级群里。这样一来，班级群就成为孩子们所有情况的汇总表，在群里，父母不但可以看到自己孩子的情况，也可以看到别人家孩子的情况。当看到别人家的孩子比自己家的孩子更优秀，父母自然会产生攀比心理，也会因此而陷入焦虑之中。

当父母内心默默地怀着对孩子的巨大期望，而孩子在各个方面的表现又不能让父母满意时，亲子矛盾由此产生。实际上，人人都是望子成龙、望女成凤的，这一点无可厚非，最重要的在于父母对孩子的期望要适度，这样才能对孩子的成长起到积极的指引作用。孩子毕竟不是无所不能的神，既有优点，也有缺点，如果父母对孩子期望无度，就会给孩子造成巨大的压力，导致孩子陷入被动的状态。父母只有对孩子期望有度，才能避免给孩子过大的压力，才能让孩子自由地适应生命的节奏去成长。很多人都读过揠苗助长的故事，那就应该知道，揠苗助长根本不利于禾苗的生长，反而会导致禾苗因为干涸而死亡。

除此之外，父母对于孩子的期望，还应该符合实际，而不要不切实际。很多父母在教育孩子方面都盲目跟风，总觉得只要是符合潮流的就是应该跟随的。为此，看到别人家的孩子报名参加兴趣班，他们也马上给孩子报名参加；看到别人家的孩子取得优秀的成绩，他们也马上要求孩子必须取得同样的成绩。殊不知，每个人都是这个世界上独立的生命个体，每个人都既有优点，也有缺点，每个孩子的天赋更是不同。父母一定要在尊重孩子天性的基础上培养孩子的兴趣爱好，顺应孩子的天性，激励孩子成长和发展，而不要以潮流作为标准要求孩子；否则就会导致孩子的成长面临困境，也使得亲子关系变得疏离。

在老师心中，思思是一个非常懂事乖巧的女孩，学习成绩也很好，特别努力上进。但是爸爸妈妈却总是对于思思不满意，这一切都是爸爸妈妈对于思思的期望太高导致的。

进入小学中年级之后，思思的学习任务加重，妈妈还给思思报了很多兴趣班和补习班，例如，思思周一要学习钢琴，周二要学习舞蹈，周三要学习声乐，周五是奥数，周六是英语和语文，周日还有跆拳道、小提琴和轮滑。仅从表面来看，妈妈为思思报的班很全面，涵盖了成长的各个方面，但是，对于思思而言，这样的学习生活太过忙碌，让她应接不暇。每到周末，思思觉得自己比上学时还辛苦呢，所以，当大多数同学都在盼着周末的时候，思思却不想过周末。因为课外班占据了思思太多的时间和精力，所以思思在学习上退步很大，原本成绩位于班级上等水平的她，现在只能勉强算得上是中等生。为此，爸爸妈妈还会抱怨她在学习方面不够用心，惹得思思非常委屈和苦恼。

现代社会压力很大，父母除了要做好工作，还要兼顾家庭、照顾好孩子，的确很辛苦。因此，他们不知不觉间就把压力转嫁给孩子。为了让孩子不输在起跑线上，他们总是让孩子报名参加各种各样的课外班，弄得孩子苦不堪言。

实际上，既然是兴趣班，就应该从孩子的兴趣入手，遗憾的是，现在很多父母为孩子报兴趣班时，都是从父母的功利心出发。此外，孩子的时间和精力是有限的，父母应该照顾到孩子成长的实际需要，而不能总是强迫孩子参加各种各样的补习班和兴趣班。父母对于孩子怀着期望时，可以把期望告诉孩子。这样一来，孩子会把父母对他们的期望与他们对于自己的期望联系起来，也更愿意从实际出发，最大限度激发自身的能量，让自己做得更好。

第 7 章

口无遮拦伤人心，面对孩子更要切忌负面言辞

　　面对孩子，父母即使再生气，也不要口无遮拦，否则就会伤害孩子稚嫩的心灵，影响孩子的健康成长。尤其是在孩子气人的时候，很多父母往往觉得非常伤心，的确，看着辛苦养大的孩子和自己顶撞，这绝不是让人愉快的感受。然而，即便如此，父母也要控制好情绪，在亲子关系中，父母往往占据主导地位，如果父母情绪崩溃，亲子关系就会变得疏远，亲子感情也会变得淡漠。

负面评价是孩子自信的"杀手"

前文说过，孩子还小，没有形成正确的自我认知，他们又非常信任父母，因而往往会把父母对他们的评价转为自我评价。由此不难看出，当父母给予孩子负面评价时，孩子一定会受到严重的影响，甚至作出错误的自我认知。因此，父母在评价孩子的时候，一定要本着公平公正的原则，且要考虑到，孩子因为年龄限制，做很多事情时未必能够马上做到最好，因而父母要对孩子怀着宽容的态度。总而言之，作为父母，本着为孩子负责的态度，我们一定不要轻易给孩子负面评价，否则就会抹杀孩子的自信。

在亲子教育中，最常见的一种现象就是，当孩子的表现无法达到父母的预期时，父母总是会生气地给孩子贴标签，诸如"你怎么这么笨""我怎么生了你这么个不争气的东西""你到底长没长脑子"等，这些话父母说起来很容易，却从未想过，孩子听到这些话时受到的心灵创伤，要经历很长的时间也未必能够消除。因此，真正爱孩子的父母，本着对孩子负责的态度，也本着爱惜孩子的原则，绝不会这样轻而易举地给孩子贴上负面标签。

　　看到这里，也许有些父母会不以为然：孩子那么小，懂什么呢？的确，孩子是很小，但是再小的孩子对于父母也是非常敏感的，也能从父母的语言中感受到父母的态度，也会被父母的语言暴力所伤害。尤其是对于那些年幼的、无法正确认知自我的孩子而言，父母不负责任的话对于他们的杀伤力更大。即便是父母在气愤之下口不择言说出来的话，他们也完全有可能信以为真，这样一来，他们的心灵受到的伤害可想而知有多么严重。

　　周末，妈妈要去单位加班，原本想带着泽泽一起去单位，但是泽泽早晨想要睡懒觉，所以妈妈就允许泽泽留在家里。前一天晚上，妈妈就叮嘱泽泽留在家里一定不要碰危险的东西，诸如电、水、燃气等，泽泽当即答应。

　　然而，妈妈在单位加班到中午，正准备午休呢，就接到泽泽打来的电话。原来，泽泽趁着妈妈不在家，想自己学习做炒鸡蛋，结果不小心把锅打翻，导致厨房着火。妈妈第一时间冲回家里，这个时候，邻居已经报警让119来灭火，看到泽泽安然无恙，妈妈悬着的心才放下来，但是妈妈马上愤怒地训斥泽泽："你这个孩子是脑子坏掉了吗？我千叮咛万嘱咐让你不要动火，这下子好了，差点儿把家都烧着了，你满意了吧！"泽泽被妈妈骂得哭起来，一旁的火警说；"好了，不要骂孩子了。孩子还没有成年，原本就不能独自留在家里，这对于你而言也是一个教训吧！"听到火警的话，妈妈意识到自己的错误，也羞愧地低下头。

在这个事例中，家里发生火灾，妈妈当然最关心泽泽，所以才会心急火燎地赶回家。在看到泽泽没有任何危险之后，妈妈又心疼家里烧坏的东西，因此开始抱怨泽泽不听她的嘱咐，居然动火。其实，从保护未成年人的角度来看，妈妈的做法有很大的错误，那就是不应该把未成年人单独留在家里。从本质上而言，泽泽也是出于好心，他想趁着妈妈不在家学习炒鸡蛋，也许还想炒鸡蛋给妈妈吃呢！只不过他没有意识到危险，所以导致危险发生。

孩子的心思很奇妙，有的时候，也会突发奇想。作为父母，不管看到孩子做出怎样令人匪夷所思的事情，我们也不要抱怨孩子，更不要嘲笑或讽刺孩子，也不要严厉地呵斥或惩罚孩子。孩子做每件事情都是有原因的，父母要洞察孩子行为背后的心理原因，这样才能更好地疏导孩子的情绪，解开孩子的心结。

父母一定要记住，孩子会从父母的眼睛里和嘴巴里认识自己，这是因为孩子小时候不知道自己是谁，也不知道如何评价自己，而当自我意识渐渐觉醒，他们就开始通过父母对他们的理解和评价来认知自己。从这个角度而言，父母对于孩子的评价，往往决定了孩子对自己是否有信心，是否能够正确认知自己、正面评价自己。作为父母，我们唯有无条件热爱孩子，才能帮助孩子建立自信，才能给孩子的成长提供更多助力。

发掘孩子的长处和优势

常言道，金无足赤，人无完人。每个人都既有优点，也有缺点，孩子也是如此。在父母眼中，呱呱坠地的新生命简直就是完美的化身，然而，随着孩子渐渐长大，他们越来越意识到孩子身上有很多不足，因而也对孩子感到失望。其实，父母不如扪心自问：我是完美的人吗？当然不是。既然答案是否定的，身为不完美的父母的我们又有什么资格奢求孩子一定要完美呢？父母要接纳不完美的孩子，就像接纳不完美的自己。

现实中，很多父母之所以总是对孩子感到不满，就是因为他们常常拿自己家的孩子与他人家的孩子进行比较。越是比较，父母越是陷入内心的失衡状态，也因此把愤怒发泄到孩子身上，肆无忌惮对孩子说"你要是能赶上谁谁的一半，我就烧高香了"之类的话。仅从表面上看，这句话是在激励孩子进取，而从本质上看，这句话是在贬低孩子的能力，甚至断言孩子根本没有其他孩子一半好。对于自尊心敏感的孩子而言，这样的比较显然是他们不愿意听到的，也会伤害他们的自尊心。父母当然可以激励孩子不断进步，但是一定要讲究方式方法。不恰当的方式，只会伤害孩子的心，让孩子自暴自弃。只有以合适的方式激励孩子，让孩子鼓起信心和勇气、不断地上进，孩子才会有更加强大的力量，才会有更好的发展。

不管孩子表现如何，作为父母，我们都不能以错误的方式暗示孩子不如别人。否则，孩子一旦形成"我不如别人"的错误思想，就会常常陷入困惑和懊丧之中，向上的力量也会大大减弱。相比之下，如果父母能够发自内心欣赏孩子，挖掘孩子身上的长处和闪光点，就能够循序渐进地培养孩子的信心，让孩子更加积极主动地面对人生。

佳佳是个"豆芽菜"，虽然已经十岁了，个子却很矮小瘦弱。为此，爸爸妈妈很着急，总是逼着佳佳多吃饭，还买来各种各样的营养品给佳佳吃。

这一天中午，妈妈做了红烧排骨，坚持让佳佳多吃几块。但是，佳佳才吃了两块，就不想吃了，还把妈妈夹到她碗里的排骨都夹了出来。看着佳佳吃饭就跟小猫一样，妈妈忍不住抱怨："佳佳，你比同班同学矮一头，总是坐在第一排，不觉得丢人吗？我每天好吃好喝地伺候你，你怎么就不能再多吃两口呢？"佳佳被妈妈一番挖苦讽刺，眼泪在眼眶里直打转。爸爸也语重心长地说："佳佳，妈妈说得对，你要好好吃饭啊，不然长得矮不说，将来体育考试的成绩也会很糟糕，都不能升入重点初中。"佳佳一生气，把筷子扔在桌子上，回自己的房间里。

后来，学校里组建舞蹈队，佳佳因为身材娇小灵活，被老师选中当领舞。爸爸妈妈得知这个消息感到很高兴，对佳佳说："看来，佳佳还是有多优点的啊，看来小身材也有小身材的好处呢！"佳佳也很得意，说："当然！老师说我的身材就适合扮演小仙子呢！还有，芭蕾舞演员都不是很高，我觉得我还可以去学芭蕾舞。"后来，佳佳果然参加了舞蹈兴趣班，还经常代表学校去表演节目呢！

作为父母，我们一定要善于发现孩子的优点和长处，如果只盯着孩子的缺点和不足看，总是对孩子提出各种苛刻的要求，一定会严厉打击孩子的自信心，导致孩子沮丧、自卑，这样一来，其人生发展自然也会受到限制。

所谓金无足赤，人无完人，实际上每个人都有缺点和不足，也有优点和长处。正如曾经有位名人所说的，这个世界上并不缺少美，缺少的只是发现美的眼睛。同样的道理，孩子并不缺少优点，缺少的只是发现优点的父母。作为父母，我们要学会赏识孩子、认可孩子，切勿拿着孩子与其他孩子比较。当孩子在某些方面有小小的进步，父母要第一时间就认可孩子、赞赏孩子，这样孩子才会拥有成就感，才会拥有更大的力量努力向上、积极进取。记住，孩子的信心最初是从父母那里得到的，作为父母，我们一定要发现孩子的闪光点，也要发现孩子的优势，这样才能激励孩子不断进步，才能帮助孩子健康快乐地成长。

对孩子说话不要嘲讽

当对孩子感到不满意或者被孩子气昏了头的时候，深爱孩子的父母也常常会因为无法控制情绪而变得歇斯底里，甚至无所顾忌地对孩子说出过分的话。尤其是有些父母控制情绪的能力原本就很差，更容易在冲动之中对孩子冷嘲热讽，甚至过度挖苦讽刺孩子，以致给孩子的心灵带来严重的创伤。作为父母，我们在对孩子说话的时候一定要讲究方式方法，不要总是嘲讽孩子，也不要总是挖苦讽刺孩子，否则，一旦伤害了孩子的自尊心，导致孩子产生逆反心理、破罐子破摔，就会更加阻碍孩子的健康成长和发展。

语言就像一把双刃剑，不合时宜的话既会伤害他人，也会伤害自己。作为父母，我们即使对孩子再怎么失望，只要不想彻底放弃孩子，就不要对孩子冷嘲热讽。否则，孩子一旦自暴自弃，就会在很多事情上做得更加过分和出格。有的时候，父母自以为是在和孩子开玩笑，实际上，父母无心的话往往会对孩子造成深深的伤害。孩子最看重的就是父母的评价，尤其是对于没有形成正确自我认知能力的孩子而言，父母的话更是会影响他们的自我认知。因此，明智的父母不会随随便便地否定和批评孩子，更不会不计后果地贬低和藐视孩子。任何时候，父母尊重孩子，孩子才会有自信心；如果连父母都不能认可孩子，孩子还如何相信自己呢？

小杰正在读小学，数学成绩一直不好，但是小杰的梦想是成为工程师，负责制造飞机。在十岁生日上，生日蛋糕点燃之后，爸爸妈妈让小杰许愿，小杰说："我想成为工程师，将来制造大飞机。"听到小杰许愿，爸爸突然笑着说："小杰，你要是想当工程师，就必须学好数学。因为越是制造大飞机，越是要精确计算，错一个小数点都是不行的。如果按照你现在的数学水平去当工程师，就算造出来飞机也飞不上天。"

听了爸爸的话，小杰原本神采奕奕的面孔瞬间黯淡下来。爸爸意识到自己说话犯错，妈妈也当即安慰小杰："小杰，没关系，你现在才读小学，只要认真努力，完全可以成为伟大的工程师。"在妈妈的安抚下，小杰才渐渐露出笑容，继续过生日。

爸爸的前半句无可挑剔，是在激励小杰学好数学，但是后半句话就有些不着调了，毕竟小杰是借着生日的机会在许愿，爸爸这样冷嘲热讽，尽管是在开玩笑，也严重影响了小杰的心情，更让原本兴致勃勃想成为工程师的小杰感到内心很郁闷，对于自己信心全无。

孩子的自尊心是很脆弱的，任何情况下，都不要对孩子冷嘲热讽。再小的孩子，也能感受到父母的情绪，所以，父母一定要照顾到孩子的感受，并尊重孩子的内心。不得不说，在心智水平上，父母比孩子高出一大截；在人生经验方面，父母的经验也更加丰富。孩子从呱呱坠地开始就依靠父母的照顾生存，也必然非常信任父母。因此，父母的嘲笑对孩子而言是不能承受之重，也会让孩子原本安稳的心变得惶惑不安。现代教育提倡多多肯定和赞美孩子，而不要总是否定和批评孩子，这对于保证孩子身心健康是有很大好处的。

当坚持信任孩子，父母一定会有惊喜发现。就像人们常说的，如果想改变一个人，就像你所期望的那样去赞美他。这是因为唯有赞美才能激发出孩子身上的潜能，才能让孩子有更加让人喜出望外的表现。要成为明智的父母，不妨从现在开始，让孩子看到与众不同的父母，也让孩子从父母眼中看到与众不同的自己！

孩子比你想象得更优秀

记得前段时间，网络上流行一个段子，大概意思是说，在孩子呱呱坠地之前，很多父母最大的心愿是希望孩子能够四肢健全、智力正常。越是到了与孩子见面的时候，父母越是担心孩子会有什么异常。而在孩子出生之后，看着这个可爱的小生命，对于父母来说，只希望孩子健康快乐地成长，不受病痛的侵扰。随着孩子不断成长，父母对于孩子的期望越来越多，望子成龙、望女成凤已经成为理所当然的表达。那么，作为孩子，他们又该如何承受父母的期望呢？在过高期望的驱使下，父母常常会对孩子感到失望。实际上，问题不在孩子身上，而在于父母对孩子期望过高。

作为父母，要想与孩子好好相处，激励孩子不断努力和进步，我们就要降低对孩子的期望，减少对孩子苛刻的要求。每个孩子都是这个世界上独一无二的生命个体，他们既有优点，也有缺点，他们既会让父母感到失望，也会让父母感到喜出望外。作为父母，要想从孩子身上得到更多的惊喜和满足，我们就要接纳孩子本来的面目，也接纳孩子的一切优点和缺点。父母对于孩子的期望一定要适度，这个世界上没有人是绝对完美的，孩子也是如此。过高的期望还会打击孩子努力的热情，甚至导致孩子自暴自弃。与其让孩子陷入沮丧的深渊，父母不如降低期望，以等待惊喜的心对待孩子，反而有时常从孩子身上得到满足。这样一来，父母才能真心诚意地肯定和赞许孩子。

然而，孩子正处于人生中的成长阶段，在各个方面的表现都不够稳定，他们常常做出让父母感到惊讶的举动，也时常会因此而惹怒父母。对于孩子不尽如人意的表现，很多父母常常不由分说就批评和否定孩子，对孩子进行一番疾风骤雨式的教育和批评。实际上，孩子的很多行为并非故意为之，作为父母，我们一定要避免以成人的标准要求孩子，否则就会给孩子造成过大的压力。尤其需要注意的是，父母劈头盖脸地数落孩子一番，并不能让孩子认知自己的错误行为，如此，孩子自身积极地改正自然也就无从谈起。与其用情绪的风暴对自己和孩子都洗劫一番，父母还不如控制好情绪，从而有的放矢地教育和引导孩子，并对孩子的成长起到积极的引导作用。

　　她是一个单亲妈妈，有一个智力发育不太健全的女儿。她的女儿叫可爱，然而，可爱真的人不如其名，有的时候真的不那么可爱。看着木讷的女儿，她常常有一种欲哭无泪的感觉，不知道自己该何去何从。

　　有一天，她下班之后回到家里，疲惫不堪，心力交瘁，只想安静地躺在床上休息一会儿。正当她迷迷糊糊要睡着的时候，突然听到厨房里传来女儿的哭声。她的神经马上绷紧，她从床上弹起来，赤着脚就朝着厨房跑去。厨房里，水果刀扔在地上，女儿正捂着一个手指哭泣，鲜血已经滴到地上。她惊恐不已，检查之后发现女儿的一个手指被刀切上，她的眼泪也忍不住簌簌而下，当即穿好衣服，生气地带着女儿朝着医院走去。医院不是很远，她满心委屈，没有抱起女儿，而是拉着女儿的一只胳膊，快速地走向医院。女儿似乎知道自己犯了错误，一声不吭，跟在她身后深一脚浅一脚地赶往医院。到了医院，清创、缝合，又开了一些消炎药，她们回到家里的时候，已经是下半夜了。她再次疲惫不堪地躺回床上，正在这时，她听到女儿蹑手蹑脚走入厨房的声音。她气愤不已，冲到门口对着女儿喊道："你馋疯了吗？非要吃这个苹果吗？等到明天吃会死吗？"女儿拿着削皮一半的苹果，目瞪口呆地看着她，等到她吼完，才含着眼泪胆怯地对她说："妈妈，你没有吃晚饭，你生病了，我想削个苹果给你吃。"女儿的话音刚落，她就崩溃地抱着女儿哭起来："宝贝，妈妈对不起你，妈妈对不起你。你原谅妈妈，好不好？"

单亲妈妈带着一个智力障碍的女儿，日子过得有多难，可想而知。然而，不管日子有多难，也不是妈妈嫌弃女儿的理由。想一想女儿忍受着手指的疼痛和妈妈深一脚、浅一脚地走向医院，想一想女儿清创缝合的痛苦，妈妈的心都碎了。孩子看起来年纪小，还不懂事，而实际上他们也有自己的小心思，也有对父母深沉的爱。作为父母，我们一定要对孩子多一些包容和理解，千万不要误解和委屈孩子敏感细腻的心。

即使孩子真的犯了错误，父母也要有足够的耐心对待孩子，因为，若父母情绪崩溃地大喊大叫或者训斥孩子，只会给孩子带来恐惧，而对于帮助孩子恢复情绪平静、反思自身、处理问题没有任何好处。曾经有儿童心理学家经过研究发现，很多孩子一旦遭到他人的负面话语，就会变得紧张焦虑、惴惴不安。实际上，尽管大多数父母都很爱孩子，也不乏有些父母总是对孩子说出暴力语言，向孩子传递负面消极的能量。孩子的心是敏感而又脆弱的，如果总是接受这样的粗暴语言，他们的心灵必然受到伤害。作为父母，我们千万不要因为一时的气愤而失去理智，更不要因为情绪冲动而对孩子歇斯底里地大喊大

叫。明智的父母会控制好自身的情绪，也会最大限度帮助孩子
调控成长的节奏和脚步。

小事不小，但不足以否定孩子

当孩子犯错误的时候，很多父母都会劝说自己，告诉自己
孩子只是犯了一个小小的错误，不值得歇斯底里。实际上，小
事并不小，尤其是当这些事情关系到孩子的品质时，父母更是
应该引起足够的重视，及时纠正孩子错误的思想，这才是对孩
子的成长负责的态度。然而，小事尽管不小，却不是父母全盘
否定孩子的理由。很多父母看到孩子犯错时，很难做到就事论
事，往往会情绪冲动，马上否定孩子，甚至给孩子贴上严重
的负面标签。不得不说，这对于孩子的成长没有任何好处，
反而会导致孩子的内心受到严重创伤，也会使得孩子的心理
受到伤害。

因为一件小事情就全盘否定孩子，给孩子贴标签，非但不利
于孩子反思自身的错误，反而会让孩子陷入沮丧绝望的情绪之中
无法自拔，也会伤害孩子的自信心，使得孩子在成长的道路上畏
手畏脚、畏畏缩缩。在教育孩子的问题上，父母一定要坚持一个

原则，那就是就事论事。孩子犯错很正常，不止孩子，包括每一个成人在内，都会犯各种各样的错误。作为父母，我们如果不能做到绝不犯错误，就不要对孩子提出这样过分的要求，而应坦然接纳孩子犯错误，并最大限度宽容孩子的错误，且以平静的心绪引导孩子改正错误，这样才是正确的应对方法和教育思路。

这次期中考试，乐乐的考试成绩不是很理想，数学试卷上，因为粗心大意做错了好几道题目。看着乐乐的试卷，妈妈简直气得七窍生烟，训斥乐乐："你是越长越倒退了吗？这么简单的计算题，三四年级的孩子都应该能做得很好，你怎么还丢掉这么多分数呢？你就是粗心大意，完全是欠修理的表现。你要是稍微能用心一点，也不至于考得这么差。你说说，你还有什么脸面当学习委员呢？"

原本，乐乐对于妈妈的批评还无话可说，后来听到妈妈说他粗心大意且没有脸面当学习委员，乐乐不由得生气起来，对着妈妈吼道："我就是粗心大意，你怎么着吧！我就是不想当学习委员，你管得着吗？"妈妈被乐乐一番顶撞，更加生气了，抬起手来给了乐乐两巴掌，母子之间经此"一役"，好几天都互不理睬。

在这个事例中，妈妈犯了一个错误，那就是在批评乐乐粗心算错计算题的时候没有就事论事，而是把事态升级，直接攻击乐乐粗心大意，还说乐乐不配当学习委员。一听到妈妈这么说话，乐乐马上从虚心接受批评到勃然大怒。其实也难怪乐乐生气，因为乐乐已经长大了，自尊心很强烈，妈妈这么肆无忌惮地批评乐乐，乐乐当然不能忍受。

作为父母，我们不能以为自己生养了孩子就对孩子拥有绝对的话语权。实际上，随着孩子渐渐长大，他们越来越不愿意听从父母的唠叨，也渐渐有了自己的思想和自主意识。因而父母也要与时俱进，调整好心态，这样才能了解孩子的心理状态和情绪感受，并以恰到好处的方式对待孩子，促进孩子健康快乐地成长。

父母一定要记住，孩子的成长是漫长的过程，每个孩子在成长的过程中都会犯各种各样的错误。犯错对于孩子而言是成长的常态，孩子们正是踩着错误的阶梯才能不断进步、越来越成熟。当孩子犯错的时候，不管父母以哪种方式批评孩子，都是为了帮助孩子积极改正错误、努力进步，而不是为了打击孩子的信心，更不是为了让孩子陷入沮丧绝望的情绪中无法自拔。所谓不忘初心，方得始终，父母一定要牢记教育孩子的初心，这样才能在教育孩子的道路上始终保持正确的方向、保持正确的思路、坚持正确的做法。

孩子到底为何撒谎

孩子为何会撒谎呢？这是很多父母都感到困惑的问题。很多父母一旦发现孩子学会撒谎，马上就认为孩子的品质恶劣，甚至因此而全盘否定孩子。其实，曾经有心理学家提出，孩子之所以撒谎，是因为他们的心智发育到了一定阶段，有了更多的小心思。也有的心理学家说，撒谎意味着孩子的智力水平上升到新的层次。

对于三四岁的孩子而言，他们并不知道什么是撒谎，他们之所以出现撒谎的行为，是因为他们意识到必须说对自己有利的话、做对自己有利的事情。因而，当父母一本正经地对他们核查信息时，他们总是满脸迷惘，根本不知道父母为何那么严肃，且那么声色俱厉地指责他们在"撒谎"。从父母严肃的表情上，孩子们才意识到撒谎是不正确的行为，但是，迄今为止，他们依然不知道何为撒谎。从心理学的角度而言，还有些三四岁的孩子之所以出现撒谎的行为，是因为他们无法区分现实和想象，常常把现象和现实搞混。

四岁的彤彤正在读幼儿园中班，有一天，彤彤放学后突然告诉妈妈："妈妈，老师今天打我了。"妈妈有些不相信，询问彤彤："老师为什么打你呢？"彤彤说："因为我上课的时候下位了。"妈妈又问："老师打你哪里了呢？"彤彤不吭声。

对于彤彤的话，妈妈在观察彤彤没有异常表现之后，就没有放在心上。又过了几天，彤彤放学的时候再次告诉妈妈："妈妈，老师今天打我了。"妈妈询问彤彤情况，彤彤还是说不出什么。但是彤彤几次三番说老师打她，妈妈还是想问个清楚。为此，妈妈给老师发了个短信："毛老师，甜甜这几天放学之后总说你打她，前面说的时候，我都没放在心上。今天又说，所以我想着问问你是怎么回事，也许是因为孩子分不清楚想象和现实。"毛老师收到短信很生气，当即打电话给妈妈询问情况。毛老师的反应让妈妈很惊讶，为此，妈妈真的开始重视彤彤的话。后来，经过一番调查，妈妈得知毛老师的确脾气很不好，所以经常批评小朋友。为此，除了彤彤之外，还有好几个小朋友都说老师打他们了。

幼儿园的孩子分不清楚想象和现实，对于孩子而言，如果老师态度严厉，他们心中感到恐惧，可能就会假想老师打了他们。从老师的角度而言，要更加友善地对待孩子，给孩子更好的体验，这样孩子当然不会说出"老师打人"的谎言。

从心理学的角度而言，那些平日里被父母忽视、渴望得到父母关注的孩子，也会以撒谎的方式吸引父母关注。这些孩子为了得到赞许，往往"不择手段"，为此，他们的谎言并没有恶意，但是会夸大自己的优点。还有些孩子害怕承担责任，为了避免被父母批评，他们也会故意撒谎，以推卸责任。要想避免这两种情况发生，父母要更加关注孩子，也要减轻对于孩子犯错的惩罚。人之所以会选择撒谎，是因为撒谎的成本比遵守事实真相来得更低。当孩子意识到尊重事实更容易获得谅解，就会放弃撒谎，毕竟撒一个谎就需要再撒十个、一百个谎言去圆。因而撒谎就像是一个坑，一旦掉入这个坑里，就会无法自拔。此外，父母还要信任孩子。孩子不管出于什么原因撒谎，归根结底都是与父母的关系出现了问题，只有在良好的亲子关系中，父母与孩子之间才能保持信任，彼此坦诚相见，能把各种问题出现的概率降到最低。

第8章

做孩子的帮扶者，帮助孩子解决成长中的问题

　　在家庭教育中，大多数父母对于孩子都保持一副高姿态，似乎他们就是孩子的主宰。实际上，这样的亲子关系根本不利于孩子的成长，因为父母与孩子的关系是疏远而又冷漠的。父母要想成为孩子成长的引导者和领路人，就要帮扶孩子，帮助孩子解决成长过程中遇到的形形色色的问题，唯有如此，才能肩负起作为父母的重任，才能为孩子的成长助力。

学习对于孩子的成长来说不是唯一

现代社会，生存的压力越来越大，各种各样的竞争层出不穷，别说成人生存艰难，就算是孩子，也要为了不输在起跑线上而加倍努力。再加上父母望子成龙、望女成凤，孩子们更是被强加上各种压力。为了让孩子将来能够出类拔萃、出人头地，父母们总是在孩子身边念叨，督促孩子认真努力学习。然而，父母的唠叨，对于孩子的成长和进步，到底有多少作用呢？仅从现实来看，作用甚小。正如曾经有一位伟人说过的，不管是黑猫和白猫，只要能抓住老鼠的就是好猫。对于家庭教育而言，所谓的效果，就是看孩子在父母的教育之下是否有好的转变和发展。再好的教育方式，如果没有效果，就不是合适的。实际上，评价教育的标准不应该是好还是不好，而应该是是否适合孩子的脾气秉性、能否对孩子的成长起到积极的引导和激励作用。

此外，父母还应该认识到，对于孩子而言，学习不是唯一。作为父母，尽管我们对孩子怀有莫大的期望，但不能强迫孩子一定要在学习上有杰出的成就。一则是因为每个孩子所擅长的方面不同，二则是因为每个孩子在学习上"开窍"的时间也不同。因此，父母要追求最适合孩子的教育，而不要盲目追求最好的教育。

不可否认，现代社会的孩子都压力山大，还要面对激烈的竞争。就像一颗树苗要长成参天大树必须经历很多磨难一样，孩子要想成才，也要经历很多挫折。所以父母不仅要关注孩子的学习，更要关注孩子全方面的成长和进步。现代社会提倡素质教育，然而，因为高考制度的沿袭，父母依然对学习非常重视。曾经有一位教育专家说，在如今的教育中，堆积如山的作业和数不清的课外班，已经给孩子造成了无法承受的压力。作为父母，我们难免会陷入整个时代风靡的教育焦虑之中，对此，关键在于要调整好心态，避免焦虑，这样才能淡然面对孩子的学习，并理性促进孩子成长。

贾磊正在读小学三年级，学习成绩在班级里处于中上等水平。爸爸妈妈对于贾磊的学习成绩看得特别重，从来不允许贾磊放学之后在外面玩耍，就连周六日，爸爸妈妈也给他报了很多兴趣班、补习班，把贾磊的时间安排得满满当当。为此，贾磊常常觉得乏味，也很羡慕其他同学可以自由自在地玩耍。

有一次，学校里组织了一支少年足球队，贾磊很喜欢踢球，因而也主动报名参加。经过选拔赛，贾磊顺利加入足球队。回到家里，他兴致勃勃地把这个消息告诉爸爸妈妈："爸爸妈妈，我经过选拔加入足球队了，以后每个周六下午要训练半天。"妈妈当即表示反对："但是，你周六下午要去参加书法培训班啊！"贾磊说："我想把书法培训班挪到周日下午参加。"爸爸又说："周日下午不是说好参加英语角的活动吗？可以练习口语，这样就不会是哑巴英语了。"贾磊为难地看着爸爸，说："爸爸，我真的很喜欢踢球。"妈妈不由分说："喜欢踢球有什么用，你难道还能变成大球星吗？踢球可以等到长大再去踢，学习可不能等，要是现在不抓紧时间学习，长大之后只能干苦力活儿，别说踢球了，连喝口水的时间都没有。"看着妈妈坚决的态度，贾磊委屈地哭起来："学习，学习，学习！你们只知道学习，从来不问问我喜欢什么，我对什么感兴趣。你们上班还有周末可以休息呢，为什么我就不能休息一下，玩玩足球呢？"看到贾磊情绪爆发，妈妈也很委屈："还说周末呢，我们每天不但要辛苦工作，周末还要带着你参加各种培训班，什么时候有时间在家里休息一下了？"贾磊气鼓鼓地喊道："那是你愿意。"说完，贾磊就回到房间关上门，连晚饭都没有吃。

在这个事例中，父母对于贾磊的学习无疑太过于紧张了。贾磊说得很对，成人工作都需要劳逸结合，更何况是孩子学习呢！实际上，孩子的心灵还很稚嫩，承受能力有限，时间和精力更是有限。为了帮助孩子健康快乐地成长，父母除了要督促孩子学习之外，要给予孩子自由自在玩耍、发挥天性的时间。唯有如此，孩子才能做到劳逸结合，在学习上也效率倍增。

在管教孩子方面，父母一定要尊重孩子的天性，遵循孩子成长的规律。孩子的天性就是喜欢玩乐，就是喜欢自由自在，父母应该尊重孩子，在督促孩子学习的同时，避免孩子闷头学习。否则，如果孩子总是学习，就会渐渐地失去灵性，在学习方面自然也事倍功半。明智的父母会经常带孩子参加户外活动，让孩子接近大自然，激活孩子生命的力量。尤其是在现代社会对于人才的要求更高，除了专业的技术型人才之外，大多数人都要成为复合型人才，才能适应现代社会更高的标准和要求。唯有劳逸结合，孩子才能以最好的状态投入学习之中，才能在学习方面事半功倍、效率倍增。

吸引神游物外的孩子回归现实

孩子很容易走神，不管是在课堂上，还是在课后写作业的时候，亦或者是在玩耍的时候，孩子都有可能走神。孩子为什么爱走神呢？很多父母都想不通这个问题，每当看到孩子神游物外的时候，他们总是忍不住生气，甚至觉得孩子是假装走神，只为了对父母的话充耳不闻。为此，一旦看到孩子出现走神的情况，父母就会非常生气，且会抱怨和指责孩子。

在沟通过程中，每个人都希望得到他人的重视和关注，父母和孩子也是如此。然而，父母必须知道，孩子并非故意分神，而是有原因的。很多父母一旦看到孩子分神，就会不由分说地指责孩子，甚至会当众训斥孩子，要求孩子必须更加用心。这样的做法非但无法帮助孩子集中注意力，还有可能导致孩子的自尊心受到伤害。作为父母，我们除了要照顾孩子的吃喝拉撒，更要关注孩子的心理健康和情绪状态，并且，要在孩子还小时就有意识地培养孩子的专注能力。曾经有心理学家经过研究发现，大多数人的先天条件相差无几，之所以有的人获得成功，有的人总是与失败结缘，其实与他们的专注力有很大关系。父母要想让孩子在智力发育方面占据优势，就要从现在开始做起，有意识地培养孩子的专注力。

实际上，在教养孩子的过程中，有很多父母都会无意识地伤害孩子的专注力，例如，孩子原本正在专心致志地玩耍或者观察某个事物，父母为了喊孩子去做某件事情，就不由分说地打扰孩子，中断孩子的思绪。长此以往，孩子的思考能力必然受到伤害，也就根本无法全心全意做好每件事情。正确的做法是，发现孩子在全心全意做某件事情之时，不要随便打扰孩子，而应给孩子时间去完成事情。唯有如此循序渐进，父母才能培养孩子的专注力，让孩子渐渐形成良好的心态。

妈妈最头疼的事情，就是让子轩写作业。因为子轩的专注力很差，经常写着写着作业就神游物外，完全不知道接下来该干什么。有的时候，爸爸妈妈和子轩说话，也会发现子轩眼神呆滞，看起来就像是在梦游一样。

有一天，在吃晚饭时，爸爸妈妈说起子轩的暑假安排，妈妈问子轩是否愿意去上海迪士尼，子轩却完全没反应。爸爸发现子轩在发呆，一筷子打在子轩手上，把子轩吓了一跳，猛然一惊。后来，爸爸妈妈还狠狠批评了子轩，子轩却显得不以为然。

在这个事例中，爸爸妈妈的管教之所以对子轩不起作用，就是因为子轩常常走神，也常常被爸爸妈妈强行打断思绪。同样的管教方法，如果用得太久，就会失去原本的作用。实际上，父母与其一味地指责子轩，还不如想办法提升子轩的专注力，这样反而能起到更好的效果。

要想从根本上解决孩子走神的问题，父母首先要查明孩子走神的原因，所谓解铃还须系铃人，只有找到根本原因，才能对症下药解决问题。其次，当发现孩子走神的时候，父母一定要控制好自身情绪。很多父母面对孩子犯错误，总是不分青红皂白就先斥责孩子。正如人们常说的，冲动是魔鬼，父母一定要避免冲动地对待孩子，这样才能为亲子沟通营造良好的情绪。此外，有些父母难以避免地主观揣测孩子。实际上，孩子的心思和成人的心思截然不同，父母唯有怀着赤子之心，才能更加理解和宽容孩子。反之，如果父母总是从成人角度出发揣测孩子，则常常会对孩子产生各种误解，并导致亲子关系紧张恶劣、亲子感情受到伤害。

孩子考试不及格怎么办

每一个有学生的家庭里，常常面临鸡飞狗跳的困境。也有些父母会说，孩子的成绩单就是家里的晴雨表——当孩子拿着成绩优异的成绩单回家，家里必然一片祥和；而当孩子拿着成绩糟糕的成绩单回家，家里必然鸡飞狗跳。这是为什么呢？

现代社会竞争越来越激烈，生存的压力越来越大，父母为了让孩子有更好的人生，都望子成龙、望女成凤，尤其希望孩子在学习方面能够出类拔萃。然而，并非每个孩子都有学习的天赋，有些孩子擅长运动，有些孩子擅长艺术，而有的孩子天生就是学霸。虽然人人都强调勤奋刻苦在学习中的重要作用，但不可否认的是，在学习上有天赋的孩子，努力就能出成绩，而很多在学习上缺乏天赋的孩子，不管怎么努力，也无法取得大的进步。

对于父母来说，最闹心的事情无非是看到孩子考试不及格，尤其是作为差生的家长去参加家长会时，不管自身是多大官职，或者是财力多么雄厚的老板，都会感到抬不起头来。很多人都有攀比心理，喜欢在各个方面与他人比较，而攀比心理就是一种强烈的负面心理，有攀比心理的人常常会把生活的方方面面都拿来与人比较。不得不说，这样的比较是非常糟糕的。因为孩子不是一个物品，也不可以被量化。对于孩子的成长，没有人知道未来会是怎样的，而且，孩子呈现出来的样子，也并非孩子自己可以决定的。尽管父母督促孩子学习是为了孩子好，但是也要有限度。常言道，凡事皆有度，过度犹不及，父母在关照孩子学习的时候，一定要采取最有效的方式，才能起到积极的效果，否则只会导致孩子处于被动的局面之中无法自拔，也使得孩子在成长的过程中遭遇困境。

父母要知道，导致孩子考试不及格的因素有很多，并非完全是孩子粗心大意，对待学习不认真、不努力。有的时候，孩子成绩波动大，是因为他们对于学科有偏好，而且在考试之前没有进行充分的准备。此外，对待考试的心态，对于孩子的影响也很大。很多父母在孩子考试之前千叮咛万嘱咐，要求孩子必须考出好成绩，反而导致孩子考试过程中发挥不稳定、成绩波动。如果父母能够怀着坦然的心，接受孩子考出的一切成绩，那么孩子就不会过分紧张，也能正常发挥。因此，对于孩子考试不及格的现象，父母要第一时间分析原因，找到孩子考试不及格的原因，从而有的放矢地解决问题。

此外，在确定孩子考试不及格的原因后，父母不要急于批评孩子。孩子还没有长大成人，心智不够成熟，贪玩、粗心等都是正常现象，虽然批评能够犀利地为孩子指出错误，但是并不利于孩子的身心健康。学习对于孩子而言固然重要，却不是成长的唯一。西方国家有句谚语，条条大路通罗马，意思就是说，要想达到某个目的，就要思想灵活，找到各种方法、尝试各种途径。父母要帮助孩子端正心态，让孩子意识到学习不是为了父母，考试更不是为了父母。当孩子思想端正，父母再采取适宜的教育方法，就会收到事半功倍的效果。如果父母本身无法辅导孩子，也可以有目的地为孩子报名参加补习班，让专业的老师给予孩子帮助。

总而言之，当发现孩子考试不及格的时候，一味地生气并不能有效地帮助孩子提升成绩，明智的父母不会训斥和呵斥孩子，而是会从现实情况出发，卓有成效地帮助孩子。父母还需要注意的是，当孩子有了小小的进步，父母一定要第一时间就认可和赞美孩子，要知道，父母的激励对于孩子而言是最大的动力。

孩子被老师批评怎么办

还记得小时候上学的情形吗？如果问每个孩子最害怕什么，相信大多数孩子都会说是被老师叫家长。的确，对于老师而言，家长就是他们的后备力量，当批评孩子无法起到预期的效果，老师往往会叫来家长，让家长作为老师的后备军施展力量、发挥作用。而对于父母而言，最担心的就是孩子在学校里犯错误，被老师批评，因为作为父母被老师叫到学校、和孩子一起反思错误的滋味并不好受。

然而，每个孩子都会犯错误，没有孩子会在成长的过程中一帆风顺。作为父母，我们既要照顾孩子的吃喝拉撒，也要肩负起在孩子犯错后与老师沟通的重任。有些父母本身就是火暴脾气，一旦被叫到学校了解孩子所犯的错误，也许当着老师或者其他父母的面，就会暴跳如雷，对孩子又打又骂。父母也许想通过这样的方式表现出自己是很重视孩子教育的，实际上，这样的方式大错特错，非但不能表现出家教严明，反而会给人留下恶劣的印象，让人觉得不但孩子不懂事，就连父母也不懂事。明智的父母不会当着别人的面对孩子大打出手，当然，即使背着别人，他们也不会对孩子大打出手。打骂对于教育孩子根本无法起到积极有效的作用，父母最该做的是调整好心态，理性解决孩子的教育问题。

　　为了表现权威，有少部分老师在孩子犯错之后，不允许孩子争辩，也有很多父母总是喝令孩子闭嘴，不允许孩子为自己辩解。实际上，这对于孩子而言是不公平的，就算是罪犯，也有权利找律师为自己辩解，为何孩子就不能为自己解释几句呢？老师和父母要摆正心态，接受孩子的解释。从心理学的角度而言，孩子虽然小，但也有自己的思想和主张，父母首先要尊重孩子，才能得到孩子的尊重。如果父母对孩子颐指气使，不允许孩子作出积极的辩解，只会导致孩子在成长的过程中遭受误解，非常委屈。

　　中午放学回家吃饭的时候，才刚刚进入家门，杨浩就告诉妈妈："妈妈，我不想学英语，我最讨厌英语老师。"妈妈很奇怪："你以前不是喜欢英语老师吗？为何现在又讨厌英语老师了呢？"杨浩说："我以前喜欢英语老师，是因为她非常年轻。我现在讨厌英语老师，是因为发现她和大多数老师一样也会偏心眼，特别照顾某个同学。有些同学家里肯定送礼了，咱们家没有送礼，所以她就经常批评我。例如，今天，我明明没犯错误，她非说我扰乱课堂秩序。真讨厌，我恨不得马上初中毕业，或者能换一个英语老师就好了。"妈妈很奇怪："老师为什么批评你，说你扰乱课堂秩序呢？"杨浩说："今天，老师组织角色扮演，我和前排同学商量了下如何表演更好。"
妈妈说："看来，你的确是与同学讲话了。老师也是照章办
事，你可能觉得有特殊情况，但是对于老师而言，全班这么
多学生，如果人人都有特殊情况，那么一整节课的时间也不
够耽误的。"

　　杨浩想了想，觉得妈妈说得也有道理。妈妈继续对杨浩
说："老师每天都要面对你们这么多孩子，工作很辛苦，
你要配合老师，不要给老师添麻烦。"杨浩疑惑地问："难
道老师就没有错误吗？"妈妈回答："当然不是。老师也是
人，不是神仙，怎么可能完全不犯错误呢！不过，老师犯错
误只要不过分，也没有对你们造成伤害，就是值得被原谅
的。作为学生，你不要对老师要求那么高，毕竟在这个世界
上没有人不会犯错。你看看吧，只要你对老师的态度改变，
老师也会对你越来越好的。"杨浩高兴地点点头："原来老
师也会犯错，那么我也可以原谅老师。"

　　在这个事例中，对于妈妈的建议，杨浩并没有表现出明显
的抵触心理，这是因为妈妈沟通的方式没有招致杨浩的反感。
在得知孩子被老师批评的时候，父母一定不要第一时间就不分
青红皂白地批评孩子，否则只会导致孩子对父母产生逆反心
理，也会导致孩子与父母的相处陷入困境。先认可孩子的情绪

和感受，问清楚孩子为何遭到老师的批评，再有的放矢地帮助孩子疏导情绪，这才是正确的。如果父母针对具体的事情有一些建议，也可以留到最后再说，这样孩子才更容易接受。

也有些父母会出现护犊子的行为，一旦听到孩子说被老师批评，马上就偏向孩子，指责老师。殊不知，这尽管暂时表现出对孩子的偏袒，但是对于孩子继续接受老师的教育、把学习成绩搞好并形成优秀的品质，完全没有任何好处。除了老师故意伤害孩子的情况之外，父母都应该作为家校联合教育中重要的一方与老师进行密切配合，并帮助孩子处理好很多情况。孩子总要长大，父母即使再爱孩子，也不可能照顾孩子一辈子。唯有在孩子小时候就有的放矢地提升孩子各个方面的能力，将来孩子才能更好地生活。实际上，孩子与老师的关系，对于整个求学阶段也至关重要，因此，父母要作为协调者帮助孩子处理好与老师之间的关系。

父母多陪伴，孩子不沉迷于网络

随着孩子不断成长，他们的追求从物质需求逐渐转化为精神和感情需求。很多父母把年幼的孩子放在农村老家，交给老人抚育，等到孩子长大，就会出现各种各样的问题。如今，留守儿童问题已经成为社会现象，尤其是在偏僻的农村，很多年轻人结婚生子之后，就会把孩子交给老人，而夫妻则结伴外出打工。不得不说，这样的行为尽管是生存所迫，实际上对于孩子的成长没有任何好处。此外，在城市里，很多父母也要为了生计而奔波，根本没有时间照管孩子，同样是把孩子交给老人抚养的。父母只有到了周末、在不加班的情况下，才能与孩子进行短暂的接触。实际上，任何人都无法取代父母在孩子成长过程中的重要作用。尤其是对于很多问题少年而言，父母的陪伴是治愈他们的良药，所以，父母不管有什么苦衷，都要尽可能地陪伴孩子，不要让孩子因为孤独寂寞而迷失。

现代社会，网络的作用越来越大，它不但给人带来了最新的消息，也让人足不出户就能开阔眼界，更让很多少年迷恋上游戏。网络就像一把双刃剑，运用得好，能对孩子的成长起到积极的推动作用，运用得不好，则只会导致孩子的成长陷入困境，也让孩子迷失在虚幻的世界里难以自拔。作为父母，我们要积极地引导孩子利用网络的正面作用，对孩子作好监管和引导，而不能任由孩子在网络之中游荡，最终迷失人生的方向，乃至变得颓废沮丧。

悦悦的爸爸妈妈一直都在外面打工，只有逢年过节的时候才会回到家里看望悦悦和爷爷奶奶。为此，悦悦从小就与爸爸妈妈非常生疏，也有的时候，爸爸妈妈回家了，她甚至不愿意和爸爸妈妈亲近。升入初中之后，班级里很多孩子都有了电脑，为此悦悦也向爸爸申请要了电脑，还向妈妈申请架设了网线。原本，爸爸妈妈文化程度都不高，以为电脑有利于悦悦学习，后来才发现，自从有了电脑，悦悦的学习成绩一落千丈，原来，有了电脑之后，悦悦再也没有心思学习了。

悦悦不但迷恋在网络上交友，和各种不同的人聊天，还特别喜欢玩游戏。有段时间，爸爸妈妈授权爷爷奶奶严格管理悦悦，悦悦就花钱去网吧里玩。如何才能帮助悦悦戒掉网瘾呢？爸爸妈妈发了愁。有一次，妈妈严肃地和悦悦交谈："悦悦，你必须戒掉网瘾，好好学习，否则，将来考不上大学，可怎么办呢？"悦悦不以为然："你们从来不在家，我和爷爷奶奶有没有共同语言，当然要在网上交朋友啦。"妈妈继续劝说悦悦，悦悦却直截了当地告诉妈妈："你们从来不关心我，就不要对我管得太多。"无奈之下，妈妈只好辞掉工作回到家里，负责陪伴悦悦。有了妈妈在身边，悦悦收敛很多，在朝夕相处中，悦悦和妈妈的感情也越来越深厚。渐渐地，悦悦的网瘾戒掉很多，形成了自制力，也能把电脑当成学习工具使用了。

当电脑成为孩子唯一的玩伴，加上孩子本身自制能力就很差，他们自然会不知不觉间就依赖电脑，并形成网瘾。作为父母，无论工作多么忙，也无论身在何处，我们都要注重陪伴孩子。父母的陪伴，是孩子健康成长的保证，在陪伴孩子的过程中，父母可以及时纠正孩子的偏差，从而保证孩子始终在人生的正轨上。

当然，要想更好地与孩子相处，走入孩子的内心，父母就要注重真诚地与孩子沟通。此外，在家庭生活中，父母还应该以身作则，给孩子树立好的榜样。正如人们常说的，父母是孩子的第一任老师，民间也有俗话说，上梁不正下梁歪。所以，作为父母一定要以身作则、以身示范，这样才能教养出优秀的孩子。当然，对于孩子的网瘾表现，父母也不要觉得如临大敌，更不要强制孩子必须马上彻底戒除网瘾，而要采取循序渐进的方式，给予孩子时间慢慢适应，逐渐减少上网时间，从而最终形成自制力。这样一来，孩子自然不会再对网络过度沉迷，尤其是有了父母的陪伴，感受到有温度的乐趣，孩子对于冷冰冰的网络也会少了几分好奇和痴迷，而更愿意在父母的陪伴下尽情地快乐成长。

孩子被人欺负怎么办

嘴唇、牙齿和舌头亲密无间、相互依存，但即便是这样友好的关系，牙齿也难免会咬到嘴唇或者舌头，更何况是孩子们之间呢？人是群居动物，每个人都要在人群中生活，孩子也要与各种各样的人相处。尤其是在同龄人的团体中，有的孩子常常因为处于弱势的地位被人欺负，对于父母来说，看到孩子受欺负当然很心疼，那么，此时要怎么做呢？

有些父母"护犊子"行为很严重，看到自家孩子欺负别人家孩子，就假装不知情，任由孩子当霸主；而当看到别人家孩子欺负自家孩子，他们就会立即蹦出来，对着他人家的孩子歇斯底里，逼得别人家的父母也不得不出面解决问题，导致孩子之间的矛盾升级为父母之间的矛盾，事态也变得恶劣，且不断扩大。实际上，同龄人在一起玩耍，有各种矛盾和争执甚至打打闹闹都是正常的事情。只是父母对于唯一的孩子太过紧张，总是害怕孩子吃亏，才会让正常的交往现象变得异常严重。作为父母，我们一定要调整好心态，在看到孩子与同龄人发生矛盾和争执时，不要不由分说就帮助孩子解决问题。就像成人世界有成人世界的规律一样，在孩子的世界里，也是有原则的。父母要相信孩子处理问题的能力，也要给孩子时间去思考如何解决问题。父母也许能够一次两次地替孩子解决问题，但是，父母无法永远保护孩子，孩子必然要独立面对问题，这时的他们又该如何呢？

正如人们常说的，父母的溺爱是对孩子最大的伤害。明智的父母即使看到孩子受人欺负，只要孩子没有受到伤害，他们便不会横加干涉。总有一天，孩子要长大，要独立面对这个复杂的世界，要独立处理微妙的人际关系，而这样的能力并非与生俱来，而是孩子在成长过程中渐渐培养的。所以，父母要尊重孩子，要保护孩子使之健康快乐地成长，却不能代替孩子成长。

有一天，莉莉满脸泪痕地回到家里。看着莉莉哭红的眼睛，妈妈赶紧询问："莉莉，你怎么了？"莉莉说："妈妈，我的同桌赵刚欺负我。他不但抓我的小辫子，还抢我的课外书。"妈妈看到莉莉委屈的样子，又问："那你把这个情况告诉老师了吗？"莉莉摇摇头："他说不能告诉老师，还说我如果告诉老师，他就还会揍我。"妈妈着急起来："这是个什么混蛋玩意儿呢！明天如果他再欺负你，你就挠他。你的指甲不是很长么，一下子就能给他挠出血来，这样他下次就不敢欺负你了。"莉莉除此之外也没有更好的办法，因而当即点点头。

次日下午，妈妈正在上班呢，老师的电话就打过来了。电话里，老师说："莉莉妈妈，请你赶紧来学校一趟，莉莉和同桌赵刚打驾，都见血了。"妈妈赶紧请假赶往学校，到了学校，老师问莉莉妈妈："莉莉妈妈，是你让莉莉和同学打架的吗？"莉莉妈妈很尴尬，说："昨天莉莉回家之后，就说赵刚打她，我就告诉她，如果再被赵刚欺负，也可以还手。"老师哭笑不得：

"发生这种情况，你们怎么都不告诉我呢？这下子，彼此都见血了，一会儿赵刚父母到了，你们相互解释一下。"说完，老师转而对莉莉说："莉莉，在学校里如果再有什么情况，一定要及时告诉老师，老师会帮助你处理问题的。打架可不是好孩子，看看吧，现在你和赵刚都受伤了。"莉莉哭着点点头。

在这个事例中，妈妈的教育方法显然是错误的。妈妈心疼莉莉，所以才让莉莉打回去，但是莉莉和同桌毕竟是同学，还要在一起学习生活、长久地相处，所以有了矛盾应该以和平的方式解决。也许，拳头能够决定一些事情，但前提是，必须先尝试和平解决，如果和平解决不能处理问题，再采取武力。很多时候，孩子对于彼此之间的小打小闹根本不放在心上，恰恰是父母的过度重视，让孩子之间的矛盾加深。越是年幼的孩子，越是不容易记仇，有的时候，父母因为孩子而发生争执，这边吵架还没吵完呢，那边孩子们又已经玩到一起去了。

父母要教会孩子宽容，拥有一颗宽容的心，孩子在未来的人生中才能更好地与他人相处，才能建立良好的人际关系。否则，如果总是与人吵闹，不能够做到理解和宽容，孩子自己也会因为斤斤计较、小肚鸡肠而倍感烦恼。

第 9 章

面对孩子天马行空的思维，父母不妨给予赞许和欣赏

成人常常以自己的思想去揣度孩子，却不知道孩子自有天马行空的思维。意大利著名儿童心理学家、教育家蒙台梭利说过，儿童是成人之父。的确，随着渐渐成长，成人在很多方面已经迷失，反而要儿童带着成人去找回内心最初的纯真，所以，当父母想要否定和批判孩子的奇思妙想时，不如回想下自己的童年时代，对于孩子表现出的自由和灵性，父母更应该赞许孩子、欣赏孩子。

放手，让孩子大胆去交往

每个人都有双重属性，一重是作为人的生理属性，二重是作为人的社会属性。孩子即使再小，也是社会的成员之一，也是社会的一分子。每一个人在社会上生存，都要融入社会，都要学会与人相处。新生命从呱呱坠地开始，就在父母无微不至的照顾和关爱下成长。然而，随着渐渐长大，他们终究要离开父母的身边，独自面对这个社会。为此，孩子在很小的时候就产生交际的需求，就要在人群中生活，结识新的朋友，得到朋友的帮助和支持。因此，父母要支持孩子的交际，要学会对孩子放手，鼓励孩子大胆地交往。

遗憾的是，现实生活中，总有些父母对于孩子过度照顾，不愿意放手。实际上，这并非孩子离不开父母，而是父母离不开孩子。很多父母对于孩子都有深深的依恋，例如，孩子在进入幼儿园的时候，很快就能适应幼儿园的生活，而父母却眼泪婆娑地看着孩子走进幼儿园，心中万分不舍；当孩子在幼儿园里快乐地生活，父母却在幼儿园外徘徊。不得不说，父母需要学会对孩子放手，激励孩子大胆去交往。

作为初一学生，小鹏觉得学习生活变得完全不一样了。他不但结交了很多男同学，也与一些女同学交往甚密。每到周末，小鹏经常和同学们一起去玩，不是结伴打游戏，就是结伴出去爬山、郊游。

经过一段时间，爸爸妈妈觉察到小鹏有些异样，又发现一个叫丝丝的女孩经常打电话来家里，为此，爸爸询问小鹏："小鹏，你是不是在恋爱？经常打电话给你的女孩是谁？叫什么名字？是你的同学吗？"小鹏满脸绯红："我没有谈恋爱啊，我只是和朋友交往而已。"爸爸妈妈尽管很疑虑，但见小鹏矢口否认，也只好作罢，继续观察小鹏。果然，小鹏的学习成绩继续保持稳步上升的态势，他还因为在班级里人缘好被选举为班长。

孩子进入青春期后，更渴望得到同龄人的认可，融入同龄人的团队之中。为此，对于青春期孩子的交往，父母一定要学会及时放手，尊重孩子的内心，要给予孩子更大的交往空间和自由。父母一定要记住，即使再爱孩子，也不可能陪伴孩子一辈子。作为父母，我们要在孩子还小时就有意识地引导孩子扩大人际交往范围，也要最大限度提升孩子的交际能力，这样才能让孩子建立良好的人际关系，在社会交往中做到游刃有余。

从本质上而言，孩子与同龄人交往是正常的，未必与早恋有关系。歌德曾经说过,哪个少年不善钟情,哪个少女不善怀春。由此可见,孩子到达一定的年龄,必然会产生一定的心理需求和生理需求。因而父母要鼓励孩子与同龄人交往,也要教会孩子正确的交往方式。很多父母为了避免孩子早恋,总是限制孩子交往,实际上,要想让孩子在短期内对异性产生免疫力,就应该鼓励孩子多与异性交往。当孩子对于异性从感到神秘到拥有免疫力,就可以正确地对待异性、与异性相处。此外,女孩的父母还要注意提醒女孩不要对他人过分热情。作为女孩,她们在成长的过程中常常会面临很多危险,父母要有意识地提升孩子的安全警惕能力。

友谊的天空,为孩子的成长提供养分,也为孩子的人生带来更多的乐趣和成功的可能性。作为父母,我们一定要放手让孩子去交往,这对于孩子身心健康地成长有很大的好处,也会给孩子带来很多的乐趣。

让孩子自主树立人生的理想

在新生命呱呱坠地的时候,大多数父母对于新生命都没有太多的要求,只希望孩子健康快乐地成长。而随着孩子渐渐长大，父母对于孩子的要求越来越多、期望越来越高，大多数父母都望子成龙、望女成凤，期望孩子将来能够出人头地、做出一番事业。为了让孩子达到预期的高度，有些父母对于孩子开展全方位的干涉，不但为孩子安排好生活的方方面面，而且努力说服孩子树立远大的理想。还有些父母，会把自己没有完成的人生愿望寄托到孩子身上，让孩子帮助自己去实现愿望。不得不说，孩子尽管因着父母来到这个世界上，却不是父母的附属品，也不是父母的私有物，更不应该成为父母梦想的继承者。对于人生，每个人都有自己的理想，父母一定要尊重孩子的想法，而不要强求孩子必须按照父母的安排去生活。

明智的父母不会过分干涉孩子的人生理想，而是会尊重孩子，给予孩子自由成长的空间，让孩子继续在理想的道路上不断前进。如果父母非要让孩子放弃自己的人生理想、遵从父母的意愿去生活，这对于孩子无疑是不公平的。现代社会，竞争日益激烈，有些父母把压力都转嫁到孩子身上，为了让孩子不输在起跑线上，他们对孩子百般要求。不得不说，这样沉重的压力让孩子不堪重负，甚至会有些孩子走上绝路，给父母留下永远的遗憾。作为父母，我们一定要端正心态，摆脱教育焦虑，这样才能最大限度激发孩子生命的能量，才能让孩子活出属于自己的精彩人生。

小梦正在读小学四年级，她最喜欢做的事情就是唱歌。为此，学校里组建歌唱团的时候，小梦自作主张报名参加，而且经过了层层选拔，成为合唱团里的领唱。后来，妈妈得知消息后，坚决不允许小梦参加合唱团，而且对小梦说："小梦，你只能参加作文班，或者是英语班。我觉得唱歌就没有必要了，又不能当吃不能当喝的，唱歌做什么呢？而且合唱团经常需要训练，会耽误学习时间。"小梦极力争取："妈妈，我喜欢唱歌，我保证不会因为唱歌而耽误学习的，你就答应我吧！"可妈妈还是坚持己见，最终，小梦与妈妈不欢而散。

第二天，小梦下课的时候看到妈妈正在朝老师的办公室走去。放学后，小梦才知道妈妈已经擅自去学校把她的合唱团退掉了。小梦很生气，也很伤心，放学后她没有回家，而是一个人在街道上走来走去。妈妈没有等到小梦回家，很担心，赶紧通知亲戚朋友四处寻找。后来，是警察局的人通知妈妈去领小梦。在看到妈妈之后，小梦依然不愿意和妈妈回家，而是不停地喊着："我不想回家，我不想回家，我要唱歌，我要唱歌！"看到自己擅自做主给女儿带来这么大的心理创伤，妈妈很懊悔，也很伤心，这才答应让小梦继续参加合唱团。

在这个事例中，妈妈的做法无疑是错误的。小梦喜欢唱歌并没有错，每个人都会有自己的兴趣爱好，父母应该尊重孩子的兴趣爱好，而不能强求孩子必须按照父母的意愿去成长。妈妈一定没有想到唱歌对于小梦那么重要，更没有想到小梦居然会离家出走。

作为父母，我们一定要尊重孩子的兴趣爱好。尤其是青春期的孩子，更是有了独立的思想和主见，如果得不到父母的尊重，他们往往会否定自己，感到沮丧和绝望。作为父母，我们一定要看到孩子的独特之处和闪光点，这样才能有的放矢地培养孩子，而不至于盲目地强制孩子必须听从父母的建议。此外，在培养孩子的过程中，父母还要注意培养孩子的兴趣爱好。需要注意的是，不要一味地强制孩子，否则就会让孩子对兴趣爱好失去兴趣。总而言之，亲子之间一定要注重沟通，要相互尊重和理解，也要给予对方最大的自由空间。

让孩子拥有适度的决策权

很多父母都认为孩子还小，心智发育不成熟，人生经验不丰富，因而对于孩子缺乏信任，在遇到意见分歧的时候，也不愿意给孩子决策权。实际上，孩子虽然小，但是也有自己的思想和意识，因此，父母要相信和尊重孩子，给予孩子适度的决策权。也许孩子最初决策的时候无法思考周全，但是每个人的能力并非与生俱来的，孩子需要在成长的过程中不断历练，才能越来越成熟和理性。

当发现孩子决策能力比较弱、不能全面思考的时候，父母不要着急，而应多多鼓励孩子。父母要认识到孩子决策中值得赞许的地方，即使孩子有做得不足的地方，也要耐心对待孩子，帮助孩子不断地提升和完善自我。

倩倩是个懂事的孩子，非常乖巧，说起话来柔声细语。有一个周末，倩倩正在睡午觉，突然听到爸爸妈妈压低声音的交谈。听起来，妈妈的声音还很担忧和焦虑，为此，倩倩睡眼惺忪地起床，走到妈妈面前问："妈妈，你怎么了？"妈妈看着倩倩，欲语还休。倩倩看出妈妈的犹豫，说："妈妈，我已经长大了，是大孩子了。你应该告诉我发生了什么事情，我也可以为你们排忧解难。"妈妈看着爸爸，爸爸对妈妈说："告诉倩倩吧，让倩倩也参与意见。"

原来，爸爸要调动到外地工作，目前有两个方案，一个是把妈妈和倩倩也带过去，这样一家三口可以在一起生活；另外一个是把妈妈和倩倩留在家里，这样爸爸每个月可以回家一次看望妈妈和倩倩。妈妈担心，倩倩换到陌生的城市生活，换了一个环境，也许学习成绩会受到影响。爸爸却认为孩子的适应能力很强，很快就能适应新环境。为此，爸爸妈妈非常犹豫。倩倩了解事情的经过之后，思考片刻，对妈妈说："妈妈，我愿意和你跟着爸爸一起去新的城市，爸爸说得对，我会很快适应的。而且，我愿意去更多的地方生活，这样还能增长见识呢！"倩倩一锤定音，爸爸妈妈当即决定准备搬迁的事情。倩倩也很高兴，而且非常憧憬去美丽的新城市度过几年的时光呢！

　　在这个事例中，爸爸妈妈之所以犹豫不定，就是因为考虑到倩倩。他们一则担心倩倩不能适应新生活，二则担心倩倩转学之后学习成绩出现波动，但是，他们也担心爸爸独自去外地会影响亲子感情。幸好倩倩听到父母的交谈，并争取到表决的权利，才有效地帮助父母解决了这个问题。

　　实际上，孩子虽然小，却有自己的思想和主见。当父母因为孩子的问题而犹豫不定的时候，最好能够征求孩子的意见，说不定孩子还会让原本使父母感到为难的问题迎刃而解呢！当然，毕竟孩子心智不够成熟，人生经验匮乏，所以父母也不要把所有的决策权都交给孩子。通常情况下，父母交给孩子三分之一的决策权就好。三分之一的决策权，既给了孩子自由表达的权利，也使得父母可以对孩子的成长起到监管的作用，从而有效引导孩子作出正确决策，也可以在孩子误入歧途的时候及时纠正孩子的错误，帮助孩子回到正确的轨道上来。

当遇到重大问题需要决策的时候，父母也要征求孩子的意见。很多父母误以为只有无关紧要的小事才需要让孩子参与决策，却不知道越是在面对重大问题的时候越是应该和孩子一起商议，从而帮助孩子提升思考和决策能力。此外，在孩子参与决策的情况下，父母一定要慎重思考，从而做到一言既出、驷马难追。每个父母都想在孩子的心中成为权威者、树立威信，却不知道父母的威信并非与父母的角色捆绑在一起，即使作为父母，也要在与孩子相处的过程中表现出更强的能力、决断与勇气，避免出尔反尔或者举棋不定，才能在孩子心目中树立威信，才能在与孩子相处的过程中有效指引孩子。

孩子还小，难免会犯各种各样的错误。当给予孩子决策权的时候，父母就应该作好准备，接纳孩子的错误。很多父母只能接受孩子的正确决策，而不能宽容孩子的错误，这样一来必然导致孩子压力山大，渐渐地，孩子也许会因为胆怯或者惧怕受到批评而变得畏畏缩缩。每个人都是踩着失败的阶梯才能不断进步的，父母希望孩子进步，就要允许孩子犯错。即使孩子作出的抉择并非那么完美，父母也要接纳孩子的决策，这样才能帮助孩子建立信心，让孩子在人生的道路上更加坚决果断、勇往直前。

不唠叨，让孩子翱翔人生

有人说，妈妈的唠叨是爱，也有人说，妈妈的唠叨是魔咒。不同性格的孩子，对于妈妈的唠叨会有截然不同的反应，然而，随着渐渐成长，大多数孩子都不喜欢妈妈的唠叨，因为他们的自我意识觉醒，越来越渴望得到父母的爱与尊重，越来越渴望拥有自由成长的独立空间。然而，很多父母都不能做到跟随孩子成长的脚步与时俱进，尤其是妈妈，往往始终把孩子当成襁褓中的婴儿、当成刚刚学会蹒跚学步的幼儿，总是对孩子有各种担心。在担心和焦虑的趋势下，妈妈也总是无法控制自己，始终对孩子唠唠叨叨。殊不知，对于孩子而言，随着越来越大，原本代表浓浓爱意的唠叨已经变成一种束缚和禁锢。

如果父母只知道以爱包围孩子，那么只是施展了爱孩子的本能。孩子总要长大，只有懂得给孩子自由的父母，才算得上是合格的父母；而真正让孩子享受到自由的父母，才是优秀的父母。然而，对于孩子放手，说起来固然容易，要想真正做到却很难。仅就控制唠叨这一项，就有很多父母无法做好。然而，唠叨会让孩子感到心神不宁，也常常让孩子失去自信。对于已经成长的孩子，父母与其对他们唠叨，不如默默地守候着他们，给予他们无声的支持，这对孩子的成长是更为有利的，也是更加重要的。由此可见，父母除了要无私地爱孩子、无条件地支持孩子之外，还要与时俱进地陪伴孩子成长，并以符合孩子身心发展特点的方式对待孩子。

斯诺要去春游，妈妈头一天专门去超市，为斯诺购买了很多零食、水果、牛奶等。回到家里，妈妈一边帮助斯诺收拾背包，一边不厌其烦地叮嘱斯诺："斯诺，背包外面的小包里，有防晒霜、驱蚊喷雾，还有手帕纸和湿纸巾。背包里面，有火腿肠、面包、酸奶、纯净水，还有一小包榨菜。对了对了，还有一次性野餐垫，可以铺在草地上用。"斯诺正准备睡觉，妈妈又开始唠叨："斯诺，我还给你放了一把折叠伞，万一太阳太大，或者下雨，你都可以用。"斯诺耐心地说："妈妈，我知道了。"

斯诺才刚刚睡着，妈妈突然想起来还没告诉斯诺包里有拉肚子的药呢，又怕次日早晨会忘记叮嘱斯诺，因而在写了一张大大的字条放在斯诺的书包上。次日清晨，妈妈继续唠叨："斯诺，一定要注意安全。"斯诺有些厌烦，说："妈妈，我知道了，我又不是第一次去春游。"妈妈说："虽然不是第一次去春游，但这是第一次去绿博园啊！绿博园靠着长江，一定不要去江边。对了，你的手机有电吗？电够用一天吗？你必须保证随时接电话啊，不然我就要没收你的手机……"妈妈还没说完，斯诺就背起书包走了："妈妈再见，放心吧！"

　　在这个事例中，妈妈对于斯诺的叮嘱其实已经是每年春游、秋游的老生常谈了。但是，妈妈怎么也无法忍住不和斯诺说。在妈妈心里，斯诺也许永远都是那个刚刚入学一年、对于集体出游感到特别新鲜的小豆包吧！常言道，有理不在声高，实际上，叮嘱也不在于次数多少。斯诺已经是大孩子了，有一定的独立能力，所以妈妈最好只告诉斯诺一些重要的事情，这样既可以引起斯诺的关注，也可以让斯诺更加重视，且不会对妈妈表现出厌烦。

　　在中国的家庭里，有很多父母都已经习惯于以唠叨的方式和孩子沟通，这似乎是为人父母者的专利，也不知不觉间成为亲子沟通的障碍。作为父母，一定要控制好自己，不要总是对孩子唠唠叨叨。亲子之间，既要把握时机说些悄悄话，也要在必要的时候精确发言，把每句话都说到刀刃上。现代的家庭教育中，很多父母一面打着给孩子自由的旗号，一面处处限制和禁锢孩子，且总是对孩子唠叨。殊不知，如果父母把很多话重复了无数次，却没有对孩子起到积极的作用，孩子渐渐地就会轻视父母的话，甚至对父母的话产生叛逆心理。还有些父母总是对孩子唠唠叨叨，导致孩子养成了除非被父母唠叨、否则不能把事情做好的坏习惯，乃至对父母的唠叨产生依赖性。那么试问：父母能跟在孩子身后唠叨一辈子吗？当然不能。既然如此，父母对于孩子放手就又多了一项内容，那就是戒掉对孩子唠叨的坏习惯，增强孩子的自律力，帮助孩子健康快乐地成长。

曾经有一家教育机构，针对很多中学生进行调查，目的在于了解中学生们对于父母哪些方面感到不满意。结果证实，大多数孩子对于父母的唠叨都是最为反感的，由此可见，父母即使唠叨，也未必能对孩子起到积极的约束作用，反而会导致孩子心生叛逆，更有可能导致事与愿违。明智的父母要么就说少而精的话管教孩子，要么就放给孩子自由，让孩子以自律力约束自己，把每件事情做得更好。要想避免唠叨，父母一定要记住以下几点：首先，在孩子面前三思而言，不要不假思索地说出不负责任或者做不到的话，导致在孩子心中的威信降低。其次，改变方式与孩子沟通。很多父母在孩子面前总是以过来人的身份自居，表现出高高在上的样子，却不知道孩子缺乏人生经验，也无法理解父母所说的肺腑之言，因而未免觉得父母说的话都是假大空的，乃至对父母心生抵触。最后，叮嘱孩子要点到即止。对于孩子而言，父母叮嘱的效力和叮嘱的次数并非成正比，有的时候，父母对孩子叮嘱的次数越多，反而效果越差。为此，父母要控制叮嘱的次数，有什么话点到即止，而不要一次又一次地重复，导致孩子产生抵触心理。总而言之，随着渐渐长大，孩子再也不是父母心中那个凡事都需要父母保驾护航的小孩子，父母要紧跟孩子成长的脚步，给予孩子更大的空间去自由成长，这样才能给予孩子更多的爱与自由，给孩子快乐与幸福的感受。

保护孩子的好奇心

每个孩子都有强烈的好奇心，好奇心正是孩子创新能力的源泉，父母一定要保护好孩子的好奇心。曾经有一位伟大的天文学家说过，每个孩子在幼年时期都有着强烈的好奇心和创新欲望，因而他们都是科学家。但是随着渐渐长大，在千篇一律、毫无新意的教育中，孩子的好奇心渐渐减弱，创新力也遭到破坏，至此，孩子距离科学家越来越远。实际上，在孩子眼中，这个世界就是由一个又一个的问号组成的，孩子带着好奇成长，带着好奇去探索未知的世界。生命之初，孩子渴望从父母那里得到很多问题的答案，随着渐渐成长，他们心中的困惑越来越多，未必能再找父母答疑解惑。作为父母，我们也常常面临被孩子问倒的困境，对此，与其搪塞和敷衍孩子，不如保护孩子的好奇心。

伟大的发明家爱迪生，从小就有很多奇思妙想，为此，他才进入学校没多久，就被老师劝退，理由就是爱迪生的奇妙想法太多。妈妈非常注重保护爱迪生的奇思妙想，不但在家里教给爱迪生知识，当爱迪生需要实验器材证实猜想的时候，妈妈还会给爱迪生购买器材，支持爱迪生做实验。正是因为如此，爱迪生后来才能成为不起的发明家，并为整个世界的人带来光明。

面对孩子的为什么，父母一定要有足够的耐心。即使暂时无法回答孩子，也可以向书本寻求答案。如果书本中也没有答案，父母还可以和孩子一起寻找答案。总而言之，对于孩子心中的困惑，要采取疏通的方式，而不要总是堵塞孩子思维的河流。否则，孩子的思想就会陷入惰性的陷阱，根本无法保持旺盛的求知欲。

小慧是个好奇心特别强的孩子，和一般女孩的文静不同，小慧特别活泼，而且脑子里充满了奇思妙想。有的时候，爸爸妈妈买一个稀罕的东西回家，小慧也总是背着爸爸妈妈把东西拆开来仔细研究。

有一天，小慧放学回家之后看电视节目，无意间看到《动物世界》，因而感到很困惑："妈妈，狮子为什么能被称为草原之王啊？"妈妈对于狮子可没有研究，因而搪塞小慧："小慧，狮子很凶猛，能打败其他的动物。"小慧不理解，继续问："但是，狮子为什么这么强壮呢？"妈妈被问住了，又因为忙着做饭，感到很着急，因而训斥小慧："小慧，你能不能一边待着，看电视，或者看看书去呢，妈妈正在做饭你没看到吗？一个劲儿地问问问，烦死人了。"小慧被妈妈一番抢白，满脸委屈。

很多父母因为忙碌，对于孩子打破砂锅问到底的好奇心总是感到心烦，并因此拒绝回答孩子的提问，甚至会训斥孩子。实际上，父母这样的做法对于保护孩子的好奇心根本没有任何好处，反而会伤害孩子稚嫩的心灵，让原本对于外部世界充满好奇的孩子渐渐地关闭心灵。孩子的好奇心一旦受到伤害，他们强烈的求知欲就会渐渐地萎缩，内心也会变得失去灵性。

在孩子提出问题的时候，明智的父母会主动帮助孩子，回答孩子的提问。即使对于问题不知道答案，父母也会想办法和孩子一起探索。记住，千万不要因为孩子的"为什么"而感到厌烦。青春期孩子的父母，还会面临一些难以回答的尴尬问题，即关于生理知识的问题。因为传统教育观念的影响，很多父母对于孩子关于生理知识、性知识的问题都难以回答。实际上，孩子并不会因为父母的回避和羞涩而不再长大，相反，他们的成长脚步不可阻挡。即使父母不好意思和孩子说起那些羞涩的知识，孩子依然会长大，依然需要面临各种各样的成长问题。

当然，孩子的成长是漫长的过程，如果触及到原则性问题，诸如做人的原则等，父母一定要坚持底线，不要无限度纵容孩子。记住，父母是孩子的第一任老师，要肩负起教授孩子的任务，也要随时为孩子点燃生命的希望之光。

不要让兴趣班压垮孩子

如今，为了避免孩子输在起跑线上，越来越多的父母给孩子报各种各样的兴趣班，目的就在于让孩子尽早腾飞。然而，所谓的兴趣班已渐渐地变了味道，因为父母根本没有以孩子的兴趣为出发点，而是擅自做主给孩子安排。实际上，兴趣班就是要以孩子的兴趣为出发点，正如人们常说的，兴趣是最好的老师，唯有在兴趣的指引下，孩子们才能更快成长和进步。

当父母不由分说地给孩子报各种各样的兴趣班时，孩子一定会感到压力山大，甚至被兴趣班压垮，导致对于很多事情都失去兴趣。不可否认，现代社会全民陷入教育焦虑状态，很多父母对于孩子的成长都心急如焚，恨不得拔苗助长，马上就让孩子成才。殊不知，孩子的成长是漫长的过程，父母要对孩子的成长怀有耐心，而不能总是急于求成、急功近利。原本，兴趣班的出现对于孩子的成长是好事情，顺应了发展素质教育的趋向。但是，当父母对于孩子的要求越来越高、越来越贪婪，则孩子根本无法承受。

除了各种各样的兴趣班之外，还有形形色色的特长班，如奥数班、作文班、英语培训班等。对于擅长某个方面的孩子而言，参加这一方面的培训的确是好事情，但是如果孩子本身并不擅长这个方面，父母却强迫孩子要学习这个方面，则只会导致事与愿违。因而父母一定不要强迫孩子必须学习某一门特长，而应该在了解和尊重孩子的基础上顺应孩子的天性，支持孩子去学习和成长。

吴尊最喜欢踢足球，因此，当得知学校里要组织足球队的时候，他第一时间就报名参加。到了周末的训练时间，吴尊积极地去学校里参加训练，谁想到，他前脚刚到，爸爸后脚就跟着来了。爸爸冲着在校园里挥汗如雨的吴尊喊道："赶紧给我回家，学习去！"吴尊很委屈："爸爸，我喜欢踢球。"爸爸不由分说，拉着吴尊的胳膊就往外走："赶紧回家写作业，下午还要上奥数呢！现在踢球，作业什么时候写呢？"吴尊眼睛里含着泪水："我不喜欢学奥数，我只想踢球！"爸爸对吴尊的话充耳不闻，继续拉着吴尊走出球场。

回到家里，吴尊既没有吃饭，也没有去上奥数，而是始终把自己锁在房间里，不愿意出来。妈妈劝说吴尊吃饭，吴尊哭着说："不让我踢球，我就不吃饭。我不想学习奥数，不想学习英语，但是为了你们，我都去学了。你们为什么就不能尊重我，让我去踢球呢？我不会耽误学习的，我保证。"看着吴尊的眼睛里满含着渴望，妈妈很心疼，因而对吴尊说："吴尊，妈妈去和爸爸商量，同意你去踢球，你的课外班也可以减少两个，好吗？"吴尊这才破涕为笑。

事例中的情形，在现实生活中的很多家庭里都发生过。父母尽管生养了孩子，却没有权利始终安排和强求孩子。父母一定要端正心态，本着尊重孩子的原则，给予孩子自主决策的权利。原本，父母提供条件让孩子参加兴趣班、特长班是好事情，但是如果不尊重孩子，则会因为强迫孩子而招致孩子的埋怨，这种情况下，孩子学习的效果也不会好。

现代教育中，很多父母并不知道孩子真正的特长是什么。所谓特长，其实是孩子在接受学校系统教育的基础上再发展优势和长处，这样孩子才会有所成就，才能在专项方面出类拔萃。在给孩子报兴趣班或者特长班的时候，父母一定要慎重，这样才能在正确认知孩子的基础上发现孩子的优势所在，从而让孩子在特长方面的发展更加事半功倍。此外，父母是孩子成长的陪伴者，也是孩子的监护人，是最了解孩子的人，也是有机会和条件发掘孩子特长的人。所以父母在生活中要处处留心，这样才能最大限度挖掘孩子的优势和长处，才能让孩子在特长方面有良好的发展和成就。

父母要弄清楚一个现实，即与其让孩子学习各种各样的技能却不精通，不如让孩子学习得少而精，发展孩子的核心技能和核心竞争力。这样一来，远远比让孩子面面俱到来得更好。退一步而言，就算孩子没有太大的成就，对于父母而言，孩子健康快乐地成长也比其他一切事情都更加重要。记住，孩子的成长过程是不可逆的，父母要珍惜能够陪伴孩子成长的时光，当好孩子的监护人，为孩子的快乐成长保驾护航。

第 10 章

你既然爱你的孩子，那么干吗不多给他一点称赞

人的本能是趋利避害，孩子也是如此。每个孩子都希望听到父母的赞赏，而不愿意被父母否定和批评。作为父母，我们不要把对孩子的爱放在心里，而应尽量以合理的方式表现出来，这样才能让孩子感受到父母的爱。现代的教育理念提倡要多多赞赏孩子，所以，只要你真的爱孩子，就要以赞赏满足孩子的自信心，让孩子充满进步的动力。

称赞孩子学习之外的长处

孩子最反感的是什么呢？随着渐渐长大，孩子最反感的就是父母总是盯着他们的学习，而对于他们在其他方面的长处视而不见。实际上，作为父母，我们要全方位地看孩子，而不能视野狭窄，只盯着孩子学习这一个方面，否则就会忽视孩子在其他方面的优点。

作为父母，我们要学会欣赏孩子，要知道，孩子的人生远远不止学习这一个方面。当发现孩子在学习之外的其他方面取得进步，父母一定要第一时间充分肯定孩子的表现，慷慨真诚地赞赏孩子。从父母的角度而言，夸赞孩子并非什么难事情，最重要的在于采取恰当的方式。唯有如此，夸赞才能起到事半功倍的效果，否则只会导致事与愿违。在赏识教育之下，很多父母总是以敷衍的态度夸赞孩子，如称赞孩子"你真棒""你非常优秀"等，这样夸赞的话很空洞，说得多了，把孩子的耳朵都磨出老茧了，却没有对孩子的成长起到预期的激励作用。从这个角度而言，父母夸赞孩子，一定要把夸赞的话说得具体生动。

从心理学的角度而言，经常得到夸赞的孩子更容易获得成功，这是因为他们的内心充满自信、充满动力。常言道，好孩子都是夸出来的，细心的父母会发现，当他们按照期望的样子夸赞孩子，孩子果真会变得和他们夸赞的一样。所以，父母要擅长夸赞孩子，以使夸赞起到预期的效果。需要注意的是，父母夸赞孩子，要夸赞孩子认真努力，而不要夸赞孩子聪明漂亮。否则，日久天长，会导致孩子形成不劳而获、沾沾自喜的思想。夸赞努力、认真，会让孩子更加全力以赴地奔向成功；而夸赞孩子聪明漂亮，只会让孩子沾沾自喜，根本不愿意努力拼搏。

有一天，妈妈下班回家，发现乐乐居然尝试着做了炒鸡蛋。虽然鸡蛋有些炒糊了，但是妈妈当即表扬乐乐："乐乐真是长大了，知道心疼父母了。乐乐做的鸡蛋真香啊，虽然有点儿糊，但是正好有助于消化。不过，下次也可以尝试下炒出来嫩鸡蛋。"乐乐得到妈妈的表扬，觉得很高兴。随后，妈妈也叮嘱乐乐："乐乐，水火无情，一定要注意安全，知道吗？"乐乐点点头。

在妈妈的表扬下，乐乐变得越来越懂事，有一天在家里还挑战了炒土豆丝。吃着儿子亲手炒的菜，妈妈高兴不已。后来，趁着暑假的时间，乐乐还学着洗衣服、拖地，渐渐地把家务事做得又好又快。

很多父母都因为孩子懒惰而苦恼，殊不知，孩子懒惰，与父母有摆脱不了的干系。很多父母特别溺爱孩子，从孩子出生，他们就照顾孩子的吃喝拉撒。即使孩子长大，父母也依然主动为孩子代办很多事情。渐渐地，孩子就会养成凡事依赖父母的坏习惯。明智的父母不会凡事都为孩子代劳，而是随着孩子渐渐长大，学会对孩子放手。有些父母羡慕别人家的孩子什么事情都会做且能做好，却从来不从自己的身上反思原因。要想培养出独立自强的孩子，父母就要先反省自身，从而按照期望的样子夸赞孩子，潜移默化地改变孩子。

夸赞孩子是一门艺术，只有对孩子用心的父母，才能掌握这门艺术。父母是孩子的老师，孩子是父母的镜子，除了要以语言夸赞孩子之外，父母还要给孩子树立积极的榜样，从而无形中给予孩子力量。总而言之，父母要学会夸赞孩子，要给予孩子积极的引导和正向的力量。

引导孩子心怀大爱，助人为乐

很多父母已经习惯了照顾孩子，在父母心里，总觉得孩子还小，也觉得孩子能力有限，因而只顾着照顾孩子，却从来不会主动引导孩子帮助他人、助人为乐。实际上，如果孩子从小就不懂得照顾他人，也不曾养成乐于助人的好习惯，那么长大之后也无法做到心怀大爱。

父母是孩子的第一任老师，父母的言行举止会对孩子产生潜移默化的影响。为人父母之前，我们也许可以随意地做出很多事情，但是在当父母之后，就要谨慎规范自己的言行，这样才能给孩子树立好的榜样。让孩子心怀大爱、乐于助人，不但有助于帮助孩子形成优秀的品质，也有助于孩子更加体谅父母、关爱父母。所以，父母一定要积极地引导孩子，而不要一味地指责孩子不懂事。要知道，教养孩子绝非一蹴而就，优秀的品质也非短期内就能形成，父母一定要对孩子有耐心，从而帮助孩子不断地成长，心智发育渐渐成熟，并具备优秀的品质。

默默是个非常安静内向的女孩，小时候还常常与小伙伴一起玩耍，但随着不断成长，成为大姑娘的默默却总是宅在家里，既不愿意与小伙伴相处，也不喜欢去人多热闹的场合。对于默默的表现，妈妈非常担心：孩子才这么小，怎么就这么宅呢！日久天长，性格肯定会越来越孤僻，在人际交往方面也会陷入困境。

妈妈正琢磨着如何才能帮助默默变得开朗一些，默默的同班同学蕊蕊来求助了。原来，蕊蕊爸爸要求蕊蕊每天都要把所学的英语课文背诵熟练，但是蕊蕊并不擅长英语，为此，蕊蕊就来向住得比较近的默默求助。妈妈很热情地接待蕊蕊，并让蕊蕊和默默相互帮助，一起学习英语。果然，才一个小时，蕊蕊就把课文背诵下来了。回到家里，蕊蕊还得到了爸爸的表扬呢！后来，蕊蕊经常来和默默一起学习，默默也因为有了蕊蕊这个好朋友而变得更加外向活泼。

很多父母因为担心孩子与同龄人相处会闹矛盾，也担心孩子受到欺负，因而总是把孩子关在钢筋水泥的城市森林里，关闭在家中闭塞的狭窄天地中。然而，孩子是大自然里的精灵，他们需要亲近自然、亲近同类，这样才能更加健康快乐地成长。所以父母要学会对孩子放手，要鼓励孩子更加主动地与同龄人相处、融入人群之中，这样孩子的心智才会更加成熟，才能充满信心和勇气面对人生。

要想培养孩子乐于助人的优秀品质，一味地对孩子进行说教往往收效甚微，父母如果能给孩子树立积极的榜样作用，当着孩子的面积极地帮助他人，则能对孩子的成长起到更好的作用。父母一定要记住，吃亏是福。很多父母因为怕孩子吃亏，总是教育孩子明哲保身。殊不知，爱就像流水，在人与人之间流淌；爱也像接力棒，唯有不断地传承下去，才能让人间弥漫着爱。父母要教会孩子成为爱的使者，唯有如此，爱才能在人与人之间不断地弥漫，充满人间。也许看起来，孩子帮助他人吃了亏，但是实际上孩子获得了成长，也得到了内心的安然，因而会更加快乐知足，这对于孩子的心灵而言就是最佳的回报和最丰厚的收获。

让孩子拥有开阔的心胸

一个人唯有拥有开阔的心胸，才能在人生中拥有更多的幸福快乐。否则，一个心思狭隘的人，很难感受到生活的乐趣，也常常会被各种各样的不如意缠身。正如人们常说的，心若改变，世界也随之改变。因此，作为父母，我们教给孩子诸多的知识和做人的道理固然重要，但更重要的是让孩子拥有开阔的心胸，这样孩子才能心怀天地，人生天高地远。

随着渐渐成长，孩子们不再只依赖父母，而是希望融入同龄人的团队之中，与同龄人相处，并得到同龄人的认可。然而，每个孩子的脾气性格都相差迥异，同龄的孩子在相处的过程中难免会发生一些矛盾、争执和冲突。作为父母，我们要提前做好功课，让孩子拥有自控力，从而做到与他人友好相处、融入团队之中。

当然，孩子年纪还小，还不能理解宽容的意思。除了告诉孩子胸怀宽广的道理之外，父母也要以身示范，给孩子起到最佳的榜样作用。如果父母本身就很小气，不能做到宽容和理解他人，且常常因为斤斤计较而与人发生争执，则孩子也会很小气。当父母把包容融入生活的点点滴滴，为孩子树立积极的榜样，让孩子去模仿，则孩子就会在不知不觉之中形成包容的品质。

豆豆一岁半了，自我意识渐渐觉醒，脾气也变得大起来。有一天，豆豆走路的时候不小心摔倒，奶奶赶紧扶起豆豆，并且使劲对着地踩踏几脚，说："都怪这个地不平，才会把豆豆绊倒。"每次豆豆磕碰到的时候，奶奶都会抱怨地，抱怨桌子角、板凳腿。随着渐渐长大，豆豆越来越娇惯，不管有什么事情都会责怪外界。

进入幼儿园之后，在舞蹈课上，豆豆和另外一个孩子因为跑得太快撞到一起，不小心把嘴巴磕破了。豆豆当即大喊大叫地哭起来，坚持要让妈妈来幼儿园里接他回家。老师无奈，只好打电话让妈妈来幼儿园里接豆豆。到了幼儿园，豆豆向妈妈告状："妈妈，都怪另一个小朋友跑得太快，把我的嘴巴磕破了。"妈妈问："豆豆，那个小朋友也受伤了吗？"豆豆点点头，说："他的下巴颏也红了。"妈妈耐心告诉豆豆："豆豆，你被撞伤了很疼，那个小朋友也一定很疼。你应该关心那个小朋友，你们互相安慰，就不会感到那么疼了。而且那个小朋友也不是故意的，他要是看到你，一定不会这样撞上来，知道吗？"在妈妈的一番安慰下，豆豆的情绪恢复平静。妈妈问豆豆："你的伤口已经好了，不再流血了。你愿意继续留下来上课，还是和妈妈一起回家呢？"豆豆的情绪恢复平静，因而对妈妈说："妈妈，我愿意留下来继续上课，和小朋友们玩。"经过这次事情以后，豆豆在幼儿园里表现更好，再也不会因为一些小小的问题而与小朋友争吵打闹，与小朋友的关系也变得更亲近。

在孩子与同龄人相处过程中，父母如果发现孩子因为矛盾纷争而受到伤害，首先要检查孩子的伤势。有的时候，伤害并不一定发生在身体上，也有可能是针对心灵的，因而父母还要关注孩子的情绪状态，通过耐心询问了解事情发生的情况，从而有的放矢地帮助孩子舒缓情绪。假如孩子不小心伤害他人，父母也不要忙于斥责孩子，而应制止孩子，然后先检查其他孩子的伤势，在安抚好其他孩子之后，再教育自家的孩子。总而言之，父母一定不要慌乱，否则就会使事态朝着恶劣的方向发展，无法收场。

人是群居动物，每个人都要与形形色色的人相处和交往，孩子也是如此。在人际交往中，孩子难免会与他人发生矛盾、争执和冲突，此时，父母一定要正确引导孩子，既不要对孩子的冲突过于紧张，也不要对孩子的社交完全不放在心上。唯有教会孩子理解和体谅，唯有让孩子形成宽容的品质，孩子才能建立良好的人际关系，在社会交往中如鱼得水、游刃有余。

独立的孩子才能成为人生强者

现代社会，有很多孩子都缺乏独立意识，总是凡事都依赖父母，因为他们从呱呱坠地起就习惯了接受父母无微不至的照顾。对于孩子的依赖性，父母也不要总是指责孩子，毕竟孩子不是生而强大，也不是天生独立的，父母要有意识地培养孩子的独立性，这样才能让孩子在不断历练的过程中渐渐地提升各方面的能力，成为人生的强者。

随着自我意识的不断觉醒，随着生命历程的推进，孩子在成长过程中常常表现出不如人意的地方，例如，他们会对父母不够恭敬，也会表现出强烈的自我意识。从对父母言听计从到凡事都不愿意听从父母的安排，这是孩子成长的必然阶段。但是，对于父母来说，这样一个阶段确实很难接受，因为他们的权威遭到挑战。实际上，父母必须意识到一点，那就是孩子终究要长大，必然要摆脱父母的限制和禁锢，从而在成长的道路上走得更快。也许，孩子在最初做各种事情的时候，总是会犯形形色色的错误，但这恰恰是孩子成长的必然过程。父母要接受这个过程，也要借助于各种各样的机会有的放矢地提升孩子的独立能力、自理能力，这对于孩子的成长有很大好处，也是至关重要的。

多多已经成为一年级的小豆包，为此，妈妈也开始着手培养多多的独立生活的能力。以前，妈妈会和多多一起洗澡，以帮助多多洗澡，但是现在，妈妈总是要求多多必须独立洗澡，而且洗完澡之后必须把内裤袜子都洗干净。一开始，多多非常抵触，常常对妈妈表示抗议："妈妈，你都帮助爸爸洗内衣内裤袜子等，为何就不能帮我洗呢？"对于多多表现出的强烈公平意识，妈妈先是表示认可："多多，你能留意到妈妈对待你和爸爸的要求不同，这说明你观察很仔细，也说明你具有平等意识。不过，爸爸不洗衣服并不是因为我偏心，而是因为爸爸妈妈分工不同。你看，家里所有的体力活，爸爸几乎都承包了，而妈妈没有那么大的力气，就做轻松一些的活儿。但是你不同，你还小，要做力所能及的事情，这样才能不断地提升自己的能力，让自己可以做到自主生存。如果妈妈现在什么都为你代劳，那么，等到你长大了，妈妈也老了，谁还能照顾你呢？"

在妈妈苦口婆心的解释下，多多陷入沉思，良久才点点头。一开始，虽然多多洗短裤袜子等并不干净，但是妈妈宁愿背着多多再洗一次，也绝不代替多多去做。后来，随着练习的次数越来越多，多多的能力不断增强，把短裤袜子都洗得非常干净。

这个事例中，妈妈的做法值得所有父母去学习。和这位优秀的妈妈恰恰相反，现实生活中，有很多妈妈都因为心疼孩子，总是溺爱孩子，代替孩子做很多事情。殊不知，父母不管多么疼爱孩子，也不可能永远陪伴在孩子身边。因而明智的父母知道，与其因为溺爱害了孩子，不如及时对孩子放手，这样才能锻炼孩子的能力，提升孩子的独立精神，让孩子在未来漫长的人生道路上不管遇到什么困难都能从容面对。

父母要记住，即使能力再强，也不可能庇护孩子一辈子。父母要爱孩子、引导孩子，但不能成为孩子的代劳者。所谓不经历无以成经验，父母要多多给孩子机会去亲身经历，也要帮助孩子健康快乐茁壮地成长。也有些父母总觉得孩子还小，因而忽略了对于孩子各种能力的培养。实际上，孩子远远比父母想象中更强大，父母是因为爱蒙蔽了眼睛，所以恨不得始终把孩子当成襁褓中的婴儿去对待和疼爱。当父母学会对孩子放手，就会惊讶地发现孩子并不小，而是拥有能量满满的小宇宙。不管遇到什么事情，父母都不妨征求一下孩子的意见，并郑重其事地思考孩子意见的可行性。渐渐地，孩子的思考能力越来越强，考虑问题更加全面，一定会给父母意外的惊喜。

尊重和接纳孩子的梦想

普天之下，每一个父母都怀着望子成龙、望女成凤的梦想，都希望孩子将来能够成才。为此，很多父母为了不让孩子输在起跑线上，总是给孩子施加压力，并不断地催促孩子努力进取。还有些父母甚至把自己没有完成的梦想寄托在孩子身上，把孩子当成自己梦想的继承者。不得不说，这样的想法完全是错误的。孩子虽然因为父母来到这个世界上，却并不是父母的附属品，也不是父母的私有物。任何时候，父母都要尊重孩子，且要接纳孩子的梦想，这样才能最大限度支持孩子，给予孩子奔向人生目标的源源动力。

小时候，孩子也许很听父母的话，尤其在作为呱呱坠地的新生命时，更是要接受父母的一切安排才能生存下来。但是，随着渐渐长大，才两三岁的孩子就已经有了自我意识，随着不断成长，孩子的自我意识也会越来越强。面对这种情况，父母一定要尊重孩子的主观意识和思想，并给予孩子更大的空间去

自由成长。正如人们常说的，父母所给予的爱与自由，是孩子
成长的最佳养分。作为父母，我们要当孩子的领路人，但不能
当孩子生命的主宰。唯有把生命自由的权利交还给孩子，孩子
才会拥有自己充实的、与众不同的人生。

暑假即将到来，为了让甜甜不输在起跑线上，妈妈给正
在读幼儿园大班的甜甜报了萨克斯演奏班。对于妈妈的决定，
爸爸持坚决反对的态度，爸爸反对的理由也很简单：甜甜这么
小，连萨克斯都拿不动呢，怎么演奏！但是妈妈坚持的理由也
很充分：培养乐感要趁早，可不能让孩子长大了和父母一样没
有音乐细胞，连一首歌都唱不完整。

然而，甜甜并不喜欢萨克斯，她更喜欢跳舞。她央求妈
妈为她报一个舞蹈班，但是妈妈表示反对：跳舞有什么好
的，那么辛苦那么累，而且展示的时候还会受到场地的限
制，而不像唱歌一样不管什么时候、在哪里，随时随地都能
唱。就这样，甜甜每天都满心不情愿地被妈妈押解着去学萨
克斯，十几节课过去，基本没有进步。后来，爸爸擅自给甜
甜报了舞蹈班，而且自告奋勇，表示愿意负责接送甜甜。果
然，甜甜在舞蹈课上表现非常优秀，也取得了长足的进步。
在事实面前，妈妈这才妥协，也认识到自己逼迫甜甜学习萨
克斯是不对的，转而支持甜甜学习舞蹈。

孩子再小，也有自己的梦想，他们愿意为了梦想而不断努力，却不喜欢被父母强迫着做不感兴趣的事情。为此，父母即便是为了孩子好，也不能肆无忌惮地强迫孩子。父母一定要尊重孩子的兴趣和爱好，有的放矢地给孩子报兴趣班、特长班等，这样孩子才能突飞猛进地发展，并取得事半功倍的效果。

父母理应是最了解孩子的人，但是很多父母偏偏都对孩子的梦想视而不见，反而把自己的梦想强加给孩子，不得不说，这种做法不但本末倒置，而且会伤害孩子对于学习的兴趣和积极性。明智的父母会给予孩子自主选择和决定的空间，也会重视和尊重孩子的梦想，让孩子在兴趣的道路上不断前行、努力进取。父母一定要记住，不要打着为孩子好的旗号强求孩子做各种事情，而应该真正发自内心地尊重和平等对待孩子，这样才能卓有成效地保护孩子的梦想，并引领孩子在梦想的道路上越走越远，更加坚定不移、勇往直前。

爱做家务的孩子才会热爱生活

现代社会，有几个孩子会做家务呢？别说是孩子，就算是父母，也有很多人压根不会做家务。这是因为有很多父母本身也是独生子女，从小娇生惯养，在成长的过程中根本没有机会亲自做家务。凡事都有一个熟能生巧的过程，对于自己从未做过的事情，不管是大人还是小孩子，只怕都难以做好，甚至完全不知道如何下手。如今生存压力越来越大，职场上的竞争日益激烈，很多父母往往只关注孩子的学习，而不会有意识地培养孩子做家务和独立生存的能力。还有些时候，即使孩子主动想要做家务，父母也会觉得孩子只会帮倒忙，所以往往让拒绝孩子做家务。殊不知，这样的拒绝让孩子失去了练习做家务的机会，将导致孩子在生存能力方面表现很弱。

　　作为父母，与其抱怨孩子不会做家务，我们不如先进行反思，看看自己是否给过孩子机会做好家务，是否曾经帮助过孩子提升做家务的能力。前些年，有的大学生进入校园，因为不会铺床，不得不坐在铺板上度过漫长的一夜，也有大学生从未见过带壳的鸡蛋，所以从食堂买到鸡蛋之后，完全无从下嘴，不知道怎么吃掉鸡蛋。不得不说，这样高分低能的孩子，已经不适应现代社会的需要。作为父母，除了要关注孩子的学习之外，我们也要关注孩子各方面的能力。唯有引导孩子全方位发展和成长，孩子将来才可以应对复杂的社会生活，才能拥有精彩的人生。因此，父母们，不要再心疼孩子，更不要禁止孩子做各种事情。唯有早早对孩子放手，教给孩子如何更好地经营生活，孩子才能健康成长，才能掌握各个方面的技能，对于生活真正做到兵来将挡、水来土掩。

眼看着寒假要到了，乐乐迫不及待地开始收拾衣服，准备去姥姥家里过寒假，还美其名曰"陪姥姥姥爷"。实际上，爸爸妈妈对于乐乐心中的小九九心知肚明：乐乐就是想逃避做家务，所以不想在家里过寒假。因为爸爸妈妈为了提升乐乐做家务的能力、增强乐乐的家庭责任感，常常要求乐乐扫地倒垃圾、洗衣服晒衣服。这个寒假，爸爸妈妈早就和乐乐商量过，要教会乐乐做饭炒菜。乐乐可不想在珍贵的假期里担任大厨，为此他决定逃之夭夭。

洞察乐乐的心思之后，妈妈一本正经地对乐乐说："乐乐，姥姥今年多大年纪了，你知道吗？"乐乐想了想，说："好像72岁了。"妈妈说："72岁，古稀之年。你去了姥姥家里该怎么做，你知道吗？"乐乐琢磨下，回答："不能惹姥姥生气。"妈妈点点头，说："这是一方面，另外一方面呢？"乐乐不知道还有什么，因而看着妈妈，妈妈说："姥姥年纪大了，不要总是让姥姥做所有的事情，姥姥也会很辛苦。而且你去了之后，姥姥还要专门给你做好吃的。既然这样，你就要做力所能及的事情，帮助姥姥减轻负担，明白吗？"乐乐点点头。妈妈继续说："首先，要帮姥姥买菜、择菜、洗菜。你不会做饭，可以不用帮忙做饭的事情，但是吃完饭之后，你要负责收拾桌子、洗刷碗筷，而且每天都要负责清洁地面、倒垃圾，知道吗？"乐乐情不自禁皱起眉头，妈妈又说："你如果能做到，就去姥姥家里。如果做不到，就不要给姥姥添乱了。"乐乐赶紧连连点头，妈妈补充道："即使姥姥不让你做，你也要主动做。"乐乐拍着胸脯向妈妈保证："我保证做到。"

在与乐乐达成一致之后，妈妈才同意让乐乐去姥姥家里过暑假。果然，乐乐说到做到，在姥姥家里就像一个小大人一样，表现非常好。

在中国的家庭教育模式中，孩子很少做家务，有些父母是觉得孩子还小，有些父母则是嫌弃孩子做不好事情反而添乱，因而索性剥夺了孩子做家务的权利。实际上，每个孩子做任何事情都是由生到熟、熟能生巧的过程。父母一定要给孩子机会锻炼，这样孩子才能把很多事情做得越来越好。反之，如果父母总是凡事都为孩子代劳，则孩子根本无法有效地提升自我、完善自我。

在培养孩子做家务能力方面，我们要向美国家庭学习。在美国家庭中，父母总是根据孩子的能力水平培养孩子做家务。例如，一岁前后的孩子就要学会丢掉垃圾，学会整理玩具，而到了六七岁的年纪，孩子们还要学习做简单的饭菜。随着渐渐长大，孩子们所掌握的技能也越来越多，例如，给家里更换坏掉的灯泡、修剪草坪。除了襁褓中的婴儿，在进行家庭大扫除的时候，父母们总是给每一个家庭成员安排任务。对于孩子而言，除了分内之事外，还可以做额外的家务，从而赚取一定的佣金。相比起美国孩子的独立自主，中国的很多孩子是不折不扣的小公主、小皇帝，在生活方面的自理能力特别差。

现实生活中，很多父母都抱怨孩子太懒惰，实际上，孩子的懒惰并不是天生的。若孩子总是安逸地享受父母提供的一切，他们自然会越来越懒惰。明智的父母不会为孩子提供一切生活所需，而是会创造机会让孩子去参与劳动、学会付出。很多父母会感到苦恼，因为，当他们要求孩子做家务的时候，孩子却表现出一种很无辜和委屈的表情，有的孩子甚至会在做完简单的家务之后对妈妈说："妈妈，我帮你扫地了。"不得不说，扫地并非妈妈的专职工作，而孩子之所以觉得扫地是妈妈的事情，是因为他们从小到大看惯了妈妈做各种家务。要想激励孩子做家务的热情，就要改变孩子认为妈妈理应做家务的错误观点。当孩子形成正确的思想，认识到家庭里的每个成员都有义务做家务，就不会再把某一项家务归结于爸爸或者妈妈。记住，唯有父母正确引导孩子，孩子才能变得越来越勤快，并爱上做家务，更加积极主动地把家务活干好。

参考文献

[1]施燕编.这样说，孩子才会听[M].北京：中国妇女出版社，2012.

[2]富杰.说到孩子心里去：完美亲子沟通书[M].北京：北京联合出版公司，2017.

[3]简·尼尔森，琳·洛特.十几岁孩子的正面管教[M].北京：北京联合出版公司，2014.